华夏文库·儒学书系

经世致用

《公羊传》的革命性

陈慧麒 著

大地传媒　中州古籍出版社

《华夏文库》发凡

毫无疑问，每一个时代都有属于自己时代的精神追求、文化叩问与出版理想。我们不禁要问，在 21 世纪初叶，在全球文明交融的今天，在信息文明的发轫初期，作为一个中国出版人，我们正在或者将要追求什么？我们能够成就或奉献什么？我们以何种方式参与全球化时代的文化传播进程？在一连串的追问下，于是，有了这套《华夏文库》的出版。

自信才能交融。世界各大文明在坚守自身文化个性的同时，不约而同地加快了探视其他文化精神内涵的步伐，世界不同文明正在朝着了解、交流、碰撞、借鉴与融合的方向前进。在此背景下，建立自身的文化自信，正是与世界各文明民族进行文化交流的基本要求。五千年中华文明与文化正在不断地被其他文明所发现、所挖掘、所认知，汉语言正在生长为世界语言，儒文化正在世界各地生根发芽。

借助这样一种正在成长着的文化自信、自觉、开放、亲和之力，用我们这个时代的学术眼光全面系统梳理中华五千年的文明与文化，向其他各大文明与文化圈正面展示自我，让中华优秀文化成为世界文化的重要组成部分，正是我们出版这套文库的目的之一。此其一。

知己才能知彼。身处五千年文化浸润的今天，重新思考我们先人的人生思考、价值思考与哲学思考，找到一个民族、一个国家的价值所在、立命所在、安身所在，这已经是我们这个时代的学人与出版人不得不再思考的问题。作为中华文明的一分子，我们在思考的同时，还必须了解我们的先人创造了如何优秀的精神文明与物质文明以及社会文明。只有熟知自己的文化，热爱自己的文化，悟明自己的文化，我们才能宣说自己、弘扬自己、光大自己。因此，我们策划组织这套《华夏文库》的初衷，还在于让当下的知识青年全面系统瞭望中华文明与文化的全景，并借此能够对更为深广的世界各民族文化提供一个比较认知的基础。此其二。

　　顺势才能有为。我们正处在农耕文明、工业文明、信息文明的交汇处，信息文明带领我们从读纸时代进入读屏时代，以智能手机屏幕为代表的书籍呈现方式正在与纸质书籍争夺阅读时间与空间。我们正在领悟数字技术，正在以信息文明的视角，去整理、分析和研究农耕文明与工业文明的文化遗产，不仅仅是为了唤醒优秀的传统文化，我们还在生发和原创着当今时代的文化。由此，我们试图架起一座桥梁——由纸质呈现而数字呈现，由数字呈现而纸质呈现，以多媒介的书籍呈现方式，将文字、图像、声音与视频四者结合，共同筑成《华夏文库》以奉献给信息文明时代的新读者。此其三。

　　总之，这是一套——专家大家名家写小书；以最小的阅读单元，原创撰写中华精神文化、物质文化与社会文明系列主题与专题；以图文、音视频多媒介呈现的方式，全面介绍与传播中华文明与优秀文化，系统普及与推介中华文明与文化知识；主旨是为了让世界与中国共同了解中国的——大型丛书，借此，复兴文化，唤起精神，融入世界。

耿相新
2013 年 6 月 27 日

目录

引言　变革，因时而动

一　变或不变，是个问题

    1　革命 ········· 6

    2　变的理由 ········· 11

    3　不变的理由 ········· 16

二　为什么是《公羊传》

    1　作为变革家的孔子 ········· 24

    2　源自《春秋》的批判精神 ········· 28

    3　重权变的《公羊传》 ········· 35

    4　三世说：追求太平盛世 ········· 39

三　新王朝　大变革

1　顺天革命 …… 46

2　变革在灾异中前行 …… 55

3　引经为据，变革制度 …… 62

四　变革家，也是公羊学者

1　万马齐喑究可哀 …… 68

2　变古愈尽，便民愈甚 …… 75

3　穷则思变，变法维新 …… 81

五　旧瓶装新酒

1　进化论的传入 …… 90

2　进化的三世 …… 100

3　大同的世界 …… 107

4　新旧的碰撞 …… 112

六　永不止息的革命

1　清朝的困境：是不是正统王朝 …… 117
2　革命的想象 …… 122

小知识目录

商汤灭夏 …………………………………………… 13
武王灭纣 …………………………………………… 19
盐铁会议 …………………………………………… 32
乌托邦 ……………………………………………… 43
单名的时代 ………………………………………… 59
董仲舒 ……………………………………………… 61
王安石 ……………………………………………… 61
刘逢禄 ……………………………………………… 73
孔广森 ……………………………………………… 74
刘歆争立古文经学 ………………………………… 86
进口的汉语术语 …………………………………… 97
大同书 ……………………………………………… 111

引言

变革，因时而动

汉昭帝元凤三年（公元前78年）正月，一系列的怪事发生了。

泰山、莱芜山南边出现奇怪的声音，好像数千人聚集在一起的喧闹声。人们发现，原来是一块巨石自动立起来，高达一丈五尺，有48个人合抱那么粗，入地八尺深，另外还有三块石头就像脚一样围在旁边。等到巨石立起来后，天空中飞来数千只白鸟，聚集近旁。同一时间，昌邑社庙里枯树重生，上林苑内一株原本枯萎倒地的大柳树，竟然也自己立起来，重新焕发了生机，并且有虫子在柳树的新叶上咬出了文字："公孙病已立。"

异象丛生，应是有大变革。当时一位著名的学者眭弘解释了这一切：石头和柳树都是阴性的，代表着处在下层的老百姓，而泰山则是群山之首，是改朝换代之后帝王举行祭祀大典的地方。如今巨石自立，枯柳复生，就说明即将有平民百姓成为天子了。而社庙中的枯树复生，预示着以前被废的公孙氏该当复兴。

要改朝换代了,汉朝天子应该顺应天命,学习上古的尧,寻找贤人,禅让帝位。这是眭弘发出的要求变革的呼声。

眭弘是当时著名的公羊学家,他提出变革的依据就来自《公羊传》。

成书于汉朝初期的《公羊传》,是对《春秋》一书所作的注解。人们期待着从《春秋》一书中寻找出孔子遗留给后人的理论财富。

春秋时期是一个礼崩乐坏、世道动乱的时期,而孔子编写《春秋》是借批判历史来建立自己心目中设想的王道社会,去改变现实中的混乱。所以,《春秋》中充满了变革的因素。

《公羊传》东汉砖刻拓本
《公羊传》最初只是口头流传,直至西汉景帝时才记录在竹帛上,之后又有砖刻本出现

汉朝的建立,在众多人心中,是划时代的变革,也是最有可能实现孔子设想的第一次尝试。汉代学者常说《春秋》是"为汉立法",汉朝应该在《春秋》的指导下在各方面进行变革。《公羊传》这部推崇革命的著作,在当时成为显学,对社会各方面产生了重大影响。

在中国人的眼中,每一次的大变革都是一次新的天命的降临。王者受命,需要变革,改正朔、易服色、变礼乐,用来表明与前代的不同。新兴王者须带领众人对社会制度进行改革。这在《公羊传》的理论支持和倡导下,成为中国历代王朝变革的惯例。每一次天灾变异的出现,

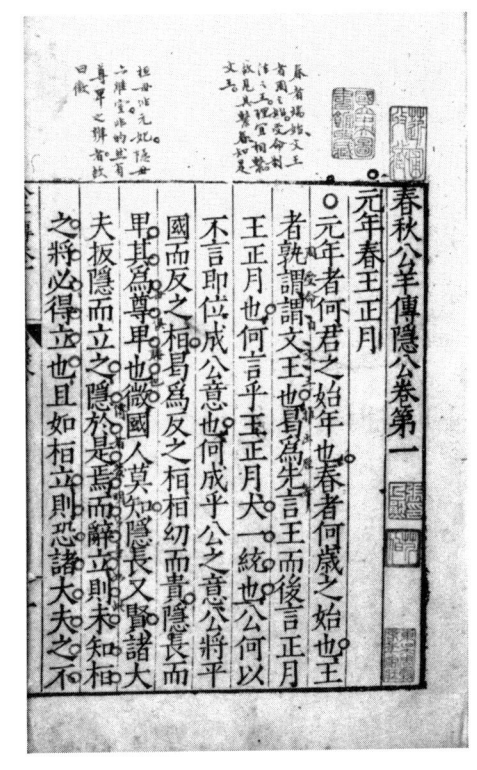

《公羊传》书影
十三经之一,又称《公羊春秋》,是专门解释《春秋》的三传之一。用问答的方式解经,着重阐释《春秋》的"微言大义"

引言 变革,因时而动 | 3

都被认为是当时统治者的天命已终结,昭示新的变革即将到来。

变革的最终目的是建立理想社会,也就是孔子所设想的王道社会或者大同社会。社会经历了据乱、升平,到达太平。依据《公羊传》而衍生的公羊三世说,对于社会的演化总结了创举性的理论。

有理想,就有了奋斗动力。眭弘的变革倡议虽然未曾实现,但他却是《公羊传》革命性的一个表现。一代一代的公羊学者坚守着《公羊传》的理论精神,尽力去改变社会,实现共同的理想。《公羊传》成为中国人宣扬变革的理论基石。

1900多年后的中国,到了一个"千年未有之大变局"的时代。此时的中国面对的有来自内部社会的弊病,又有来自西方国家的入侵。

那是一个需要变革的时代。中国的学者在《公羊传》中重新寻找到了变革的理论基础。因此,《公羊传》经历了千年的沉寂,重新焕发活力。

而且,随着时代的变迁,《公羊传》所带有的批判精神,又增添了来自西方的社会进化论思想,构造出带有中国特色的理论。中国人对革命的认识,也从王朝的更替,转变为社会观念制度的变更。

一 变或不变,是个问题

"穷则变,变则通,通则久。"这句出自《周易·系辞》的话,也正表明了变的重要性。在事物的演化过程中,发展到一定程度时,似乎是到了极点,无法再往前进了,这时就需要加以变化,以求通达。

人类社会是宇宙的一部分,自然中的"变"很自然地便被挪用到人类社会中。

1. 革命

几年前,切·格瓦拉热在中国再次兴起。

在 20 世纪 60 年代那段激情燃烧的岁月,他是中国年轻人崇拜的革命偶像。而在新世纪,他的形象更是烙入了中国的大众艺术和文化,出现在戏剧、歌曲,甚至印在了 T 恤、挎包上,成为一种精神符号。谁都没有想到,这个遥远的拉美革命领袖会成为当代青年人崇拜的偶像,而且会持续如此长时间。

在人们传阅格瓦拉的传记,小摊上出售格瓦拉的头像时,格瓦拉代表的是一种生存的意义:正义、热情、反叛,更在于他的革命激情。

格瓦拉曾说"革命,是不朽的"。对民众苦难的怜悯是他革命激情的源泉。这也是中国人自古以来进行革命的理由:顺天应人,救民于水火之中。与其谈论切·格瓦拉有何魅力,倒不如说"革命"有何魅力。

中国人对于"革命"一词总是带有别样的感情。"革命"一词曾带给中国人美好理想社会的希望,也曾带给中国人深重的人身精神伤害。制度的变革、权力的更替,中国何曾真正离开过革命?

切·格瓦拉
切·格瓦拉（1928～1967），极富传奇色彩的拉丁美洲马克思主义革命家。他参加古巴革命，推翻了亲美的巴蒂斯塔独裁政权。1965年离开古巴，到刚果（金）、玻利维亚等国试图发动共产主义革命。1967年，被玻利维亚政府军逮捕并杀害

"革命"是中国土生土长的产物。中国人对革命的理解最初源自上古时代三代的更替。"汤武革命"，是中国古代变革的典型形式。成汤革夏命，周武王克殷的革命，成为中国最早的革命。一朝末代君王任意妄为，残暴虐待百姓。他的所作所为，天理不容。故而有贤明圣王诞生，善待百姓，顺应天命人心，起兵讨伐，建立新王朝。

三十年河东，三十年河西，每个王朝的运道循环盛衰。革命，变革的是前朝的天命；受命，接受的是新的天命。孟子所谓五百年必有王者兴，是源自天命，而非人能够左右的。兴衰循环、治乱交替、王朝变更，是天命的受命和革命两种力量作用的结果。

司马迁说，三十年一小变，百年中变，五百年一大变。整个中国历史就是在受命—革命的变化中循环前进的。

"替天行道"旗帜

"替天行道",指代上天主持公道。革命者作为天道的执行者,成为正义的化身、天命的代表。后来,"替天行道"成为历代反抗暴政起义的口号

汤武是中国圣人的原型;汤武革命,是中国人革命的原型。人们所关注的不仅仅是革命本身,更重要的是"命"的转移手段和结果,是革命后秩序的确立和统治权力是否正当。基于对汤武革命的想象,中国人建立了"道义革命"论,它的关键是"替天行道",革命的对象是独夫民贼,革命者就是有德之人,正义的化身、天命的代表。革命就是基于道德而去改变旧世界,建设一个实行仁政的新天下。

在革命的过程中,牺牲是避免不了的。一场重大的变革必定带来对普通人的重大伤害和对社会的破坏。正如朱元璋曾说:"前代革命

《人权宣言》

1789年8月26日颁布，是法国大革命时期颁布的纲领性文件。采用18世纪的启蒙学说和自然权论，宣布自由、财产、安全和反抗压迫是天赋不可剥夺的人权，肯定了言论、信仰、著作和出版自由，阐明了司法、行政、立法三权分立，法律面前人人平等，私有财产神圣不可侵犯等原则

之际，肆行屠戮，违天虐民，朕实不忍。"朱元璋通过否定前代革命的残酷方式，来宣称自己革命的正当性。

到了近代，革命的天命色彩已经淡去，其正义色彩却更浓厚了。

近代的中国革命是传统和舶来品的整合。以1789年法国大革命为代表，西方为中国带来了革命的新内涵。现在，我们会这样来理解革命，认为革命表现在对国家内部价值观、政治制度、社会结构、领导权、政府行为和政策进行剧烈的、根本性的、暴力的变革，因此革命可以区别于叛乱、起义、政变。

日本人使用传统中国话语"革命"来翻译revolution，从而使得中国传统的革命带上了近代政治制度和社会理念变革的色彩。革命不再仅仅是上层有德之人的事了，也不再仅仅是改姓这么简单的事了。

2. 变的理由

几千年前，当我们的先祖生活在这片土地上的时候，看到的是变幻莫测的自然，感受到的是世间万物不常在。每一年的四季更迭，每一天的日月交替，万物的生长衰亡，都展现了这个世界的"变"。

中国人从自然界中的变化，推导到人类社会中的变革，得出了结论："变"构成了宇宙得以延续的最基本因素，是自然和社会的普遍规律。

梁启超曾做过总结："凡在天地之间者莫不变：昼夜变而成日；寒暑变而成岁；大地肇起，流质炎炎，热熔冰迁，累变而成地球；海草螺蛤，大木大鸟，飞鱼飞鼍，袋鼠脊兽，彼生此灭，更代迭变，而成世界；紫血红血，流注体内，呼炭吸养，刻刻相续，一日千变，而成生人。""变"是中国人对自然的认识。

"道生一，一生二，二生三，三生万物。"这是道家提出的宇宙演变模式，老子看到了万物在生变中才得以发展形成。

"生生之谓易"，宇宙万物就在生生不息中得以延续。若没有了这种变易，就没有了生机，宇宙也就终止了。《周易》中讲："大哉乾元，万物资始，乃统天。云行雨施，品物流形。"乾，代表的是天。万物滋生发展，是依靠着阳气的变化。云朵飘行，细雨降临，各类事物能够演变成形。

《周易》排列六十四卦也是有讲究的。六十三卦为"既济"，代表的是事物发展到这里就已经完结了。然而在后面的六十四卦又来了"未济"，就是对"既济"的修正。事物发展到完结之后，再一次进入新的发展阶段，开始新的历程。万事万物是没有真正终结的，如此才会有多姿多彩的世界。

"穷则变，变则通，通则久。"这句出自《周易·系辞》的话，也正表明了变的重要性。在事物的演化过程中，发展到一定程度时，似乎是到了极点，无法再往前进展了，这时就需要加以变化，以求通达。

人类社会是宇宙的一部分，自然中的"变"很自然地便被挪用到人类社会中。

天下无不灭之国。看惯了历史上朝代的更替，人们不管愿不愿承认，内心都相信社会总在变化，旧的王朝也会被新的王朝取代。"革命"成为中国历史中重要的一个过渡环节。

革，意为去故更新，改革变化；命，指天命。古时常称天子受命于天，故王者易姓（改朝换代）曰"革命"。

早在先秦，人们就知道"天命不常在"。人们对天怀着敬畏崇拜的心理，认为一切都是天命。权力的拥有者如果不能敬德，不能敬天保民，那么天命就该结束对他们的福佑和眷顾了。革命的含义包含了天命的改变和转移，是政治权力移交的表现。这个结论是周人认真总结殷周的历史经验得出来的，从现在的《尚书》中我们可以清楚地看到周人是如何认真地探寻殷朝覆灭的原因。在后来的中国，这成为颠扑不破的真理。

"革命"一词来自于《周易》中的革卦。革的卦象是下离上兑，离为火、兑为泽，泽内有水。水在上而下浇，火在下而上升。火旺水干；水大火熄。二者相生亦相克，必然出现变革。按照《象》的解释，就好像是两个女子在一起同居，但是这并不符合阴阳男女相合的原则，迟早会因为各自的志趣不同而分离并产生变化。

改革虽说是普遍的，但必须要适应时势的需要。天地应时而革，所以有四时的更替，汤武应时而革桀纣之命，所以顺天应人。变革有时间上的选择，择机而变，变革才更有把握。

小知识◎商汤灭夏

这是遥远年代所发生的一件大事。

在中原大地上，夏王统治着众多的诸侯方国。成功治理洪水之后，禹受人们拥戴，受舜禅让，即位为王。之后，王位父子相承，第一个王朝——夏王朝建立。到了夏桀在位时，已经是第十七位王了。

夏桀还不是有记载的第一位昏君。之前的孔甲，迷信鬼神，专事打猎玩乐，使得人民怨恨，诸侯反叛，夏的统治就已经摇摇欲坠了。文武双全的夏桀不但没有拯救夏的统治，反而更加荒淫无度，暴虐无道。由于国力衰弱，夏已经无法控制各诸侯国势力的发展。

汤，据说是帝喾后代契的子孙，为商部落首领。商族兴起于黄河下游（相当于现在的河南、山东一带）。汤有两个得力助手，左相仲虺和右相伊尹。在两相的辅助下，汤治理

夏桀

桀,又名癸、履癸,相传是夏朝最后的一个王,为历史上著名的暴君。他宠信王后妹喜,对政事不闻不问,还大量残杀忠良。大臣关龙逄就因多次直谏,被他囚禁杀死

好内部,鼓励商统治区的人民安心农耕,饲养牲畜,同时团结与商友善的诸侯、方国。灭夏的时机到来了。

大约在公元前1600年,汤正式兴兵伐夏。在战前他隆重地举行了誓师活动,公开声讨夏桀破坏生产、残酷盘剥压迫民众的罪行,申明自己是秉承天意征伐夏桀,目的是拯民于水火之中。这番誓师,极大地振奋了士气。

汤率领由70辆战车和5000步卒组成的军队西进伐夏桀。夏桀调集了夏王朝的军队,开出王都。两军在鸣条(今河南省封丘东)之野相遇,展开了大会战。

交战的那一天,正赶上大雷雨的天气,商军不避雷雨,

勇敢奋战，夏军败退不止。夏桀见兵败不可收拾，就带领500残兵向东逃窜，最后逃到南巢（今安徽省巢湖市），不久病死。

商汤回师西亳（今河南省偃师市西），召开了众多诸侯参加的"景亳之命"大会，得到诸侯的拥护，取得了天下之主的地位。夏朝正式宣告灭亡。

一代暴君成就一代圣王。商汤开了中国历史上以武力夺取天下的先河，成为改朝换代的典范。

3. 不变的理由

我们每个人的生活中总是充满着变化。变化，可能会带来新的感受、新的期待，同时也需要我们花更多的精力去熟悉、去适应。更何况，新的并一定真正会比旧的好，也并不一定就能够真正实现。人们不愿面对未知与陌生，因为它们的到来总是伴随着不安和疑惑。

所以我们会向往安稳，期待永恒。永恒的感情，永恒的快乐，永恒的美好……永恒的才是最珍贵的。这样的一种心理导致了人们对于已有传统的眷恋，对于已有美好的执着。

那么，在变化无常的世界中，是否有不变的永恒呢？我们的祖先在思考中寻找到了答案。

春夏秋冬四季更替，变化着的是外在的形式，而内在的决定性的根本之道是不变的。

汉代的董仲舒是力主变革的公羊学家，但也说出了："天之大原出于天。天不变，道亦不变。"同样，董仲舒指出了在宇宙中最终的本原规律是不变的。

中国人常说"以不变应万变"，正是认识到了只要把握根本规律就可以解决一切问题的道理。

在中国，还有一股保守的力量，来自祖宗既定的典章制度。这被称作"祖宗之法""祖宗家法""祖宗法""祖宗之制""祖宗法度""祖宗典制"或者"祖宗故事"等。

中国社会以宗法制度作为基础。人们尊崇祖宗，所以后世对其祖宗，一般都持有祗畏敬奉的心态，也力图总结并继承他们的治理方法。"祖宗家法"就是按既定方针办，不能改变原有的制度方法。它也成为后世变革的拦路虎。

历代的变革往往会遇到保守势力的阻碍，而保守势力最有用的武器就是祖宗家法。谁要是改变祖宗定下来的规矩，那就是大不敬，就是蔑视祖宗。这个罪名可不小，需要极大的勇气去面对。即使是帝王也同样如此。

鲜卑族建立的北魏，是南北朝时期北方的强国，为后来隋唐统一中国奠定了基础。虽说北魏的统治阶层是北方游牧民族，然而他们对于祖宗家法的重视程度不亚于汉民族。当孝文帝进行改革时，遇到了众多压力。

孝文帝亲政伊始，就把迁都洛阳提上了议事日程。在他看来，洛阳地处天下之中，交通条件便利，文化积淀深厚，一直是国家政治、经济、文化、军事的中心，曾是东周、东汉和魏晋的都城。迁都洛阳，可以加强同中原汉族门阀士族的联系与合作，又可以乘机摆脱鲜卑守旧贵族势力的束缚掣肘，推行汉化改革。

但是要把都城从平城（今山西大同）迁往洛阳，遭到了守旧贵族的反对和普通鲜卑民众的抵触，阻力重重。在众人看来，平城是祖宗所选定的国都，是故土家园。迁都就坏了祖宗规矩。

孝文帝要克服来自保守势力的阻碍，只能剑走偏锋、另辟蹊径。

北魏孝文帝骑马像

北魏孝文帝元宏（467～499），鲜卑族，北魏皇帝，卓越的政治家、军事家和改革家。他崇尚中原文化，亲政后实行汉化，禁胡服、胡语，推广教育，改变姓氏，提高了鲜卑人的文化水平

于是孝文帝决定假借"南征"之名，达到迁都的目的。太和十七年（493年），孝文帝亲率大军30万，南下伐齐。当时正值秋雨连绵，风雨交加，道路泥泞，历经近一个月，数十万北魏将士才抵达洛阳城下。他们神色倦怠，疲惫不堪，随行的诸多大臣同样精疲力竭，叫苦不迭。可是，孝文帝却精神抖擞，执鞭催马，命令将士立即开拔，不灭南齐誓不回归。

文武百官见此情形，纷纷跪倒在孝文帝的战马前，叩头不止，恳切请求皇上体恤下情,停止南征。这时时机已到,便将迁都作为停止南征的交换筹码,表示如果大家都不想南征,那么索性将国都从平城迁到洛阳。如此这般,迁都才算定下来。

保守势力的强大有时是难以想象的,有的源自对祖宗传统的坚守,也有的源自好逸恶劳、维持稳定的心理。从另一个角度说,这种保守不变也是对激进变革最好的调节,刻意避免过度激烈的改变对社会造成严重的破坏。

变还是不变,是一个永久的话题。中国社会就在因循和变革的冲突中前进。

小知识◎武王灭纣

诗曰:

纣王暴虐害黔黎,国事纷纷日夜迷。
浪饮不知民血尽,荒淫那顾鬼神凄。
虿盆宫女真残贼,炮炙忠良类虎鲵。
报应昭昭须不爽,旗悬太白古今题。

《封神演义》中的一首诗写尽了史上著名暴君纣王的残虐暴行。

每个王朝都有着相似的经历:英明的开国之君打下的江山,创建的辉煌帝业,最终被昏庸暴君所断送。延续600余年的殷商王朝终于走到了尽头。纣王成为断送江山的亡国之君中最为著名的一位。

能言善道，特别善于辩论。这种天资反而毁了他自己，也毁了殷商的江山。

纣王好淫乐，贪图享受，纵酒无度，沉迷音乐，比夏桀有过之而无不及。酒池肉林就是最好的写照。纣王还十分残忍，对待臣下一律采取重刑，尤其是炮烙之刑。受刑者的痛苦挣扎，反而是纣王寻乐的手段。

周人来自岐山南边的周原。据说，周人的祖先是黄帝曾孙帝喾元妃姜嫄的儿子弃，即后稷。周的首领通过几代的勤勉，以德治民，周族实力日益强大，领地不断扩张。

传至周武王，商朝发生了激烈的内乱。纣王杀了伯父比干，囚禁了另一个伯父箕子。一些被牵连的贵族如微子等则审时度势，投奔了周国。灭商时机成熟，在姜太公的辅助下，周武王出兵伐纣，向朝歌进军。

公元前1046年初，朝歌城外的牧野。这是一场后人谈论最多、知道最少的战争。

拂晓，武王在众军面前进行誓师："现在纣王只听信妇人之言，连祖宗的祭祀也废弃了。他不任用自己的王族兄弟，却让逃亡之人担任要职，让他们去危害贵族，扰乱商国。今天，我姬发是执行上天的惩罚！……战士们，努力！"士气大振。

商军在和东夷各部族持续了很多年的战争中取得大胜。但此时，主力还在东南，无法顾及京城朝歌。纣王只能武装了一批奴隶和战俘，亲率少量禁卫部队押送，奔赴前方战场。即使这样，商军的强大阵容，还是令周武王联军大为震撼。

牧野之战

牧野之战,是周武王联军与商朝军队在牧野(今河南省淇县南、卫河以北,新乡市附近)进行的决战。牧野之战是中国历史上以少胜多、以弱胜强的著名战例。最终,殷商灭亡,西周统治建立。

已80多岁的姜太公作为先遣,以数百名精锐部队出击。武王亲率主力跟进冲杀。两人互相配合,作战勇猛。而商军中的奴隶和战俘却全无斗志,掉转戈矛。这时,民心所向的作用显现。商朝大军顷刻瓦解。历史记载牧野之战,血流漂杵,场面极为血腥残酷。乃至后来孟子看到这段记载时,怀疑有误。在孟子心中,武王是以仁讨伐不仁,怎么会有血流成河这么不仁的场面出现?

纣王见大势已去,仓皇逃回朝歌,登鹿台,穿上了缀满玉石的宝衣,在身边堆满了祭祀用的燔柴,然后用火把点着,自焚而死。在人们的拥戴下,武王登上了天子之位。

"仁者无敌",在后世人们的传说中,周军以德取胜,商朝自行崩溃。牧野之战也成为被后人称颂的"吊民伐罪"、解救百姓的正义战争。"武王伐纣"也就成为后世许多仁人志士在暴政压迫下的指路明灯。

二 为什么是《公羊传》

人们需要变革，需要为自己进行的变革寻找理论上的依据。在众多的典籍当中，解说《春秋》的《公羊传》进入人们的视野。这部典籍的特点注定了它将成为人们进行变革的引领者和指导者。

1. 作为变革家的孔子

孔子是什么样的一个人？这是两千多年来世人争论的话题。

正如"一千个人眼中有一千个哈姆雷特"一样，每个人都会对孔子作出自己的评判。每一个时代都有它自己的孔子，每一时代中不同人心中也都有不同类型的孔子，孔子的形象总是在不断地变化。

唐代吴道子笔下的孔子头扎儒巾，双目前视，须发飘逸，雍容大度，身体稍稍前倾，双手作揖，谦卑有礼，透出圣人的智慧，不离学者的形神。东晋顾恺之所画的孔子着官服、戴官帽，一副官员气派，却面容和蔼，一副"为政以德"之态。而现存最早的汉代墓室壁画中的孔子，面部胡须清晰，道道皱纹满额，鼻翼高挺，颈后凸瘤。

《孔子行教像》

《孔子行教像》，唐代著名画家吴道子绘，原作早已遗失。画中孔子雍容大度，身体稍稍前倾，双手作揖，谦卑有礼，是被广泛认可和接受的孔子画像

东汉画像石《孔子见老子》
孔子见老子问礼,是汉代画像砖中常见的题材。该画像展现了儒家先师孔子和道家始祖老子互敬互学、交流思想的历史画面

在众多的记载中,孔子其实相貌并不俊美。据《史记》记载,孔子生下来头顶是凹陷的,好像反扣的屋顶。孔子形象更有"七陋"说,就是鼻露孔、眼露睛、唇露齿、头圩顶、耳重肩、手过膝、身材不匀称。如此丑态,集中在一个人身上,那就是天生异象。这种相貌不是一般人能具有的,所以孔子的成就也就不是一般人能够达到的。在今天曲阜市的旅游景点中,导游介绍起孔子,仍然对他容貌的缺陷津津乐道。

孔子是一个温良、平实、谦逊的学者,而在后世却被人们演绎成心中的偶像和神话。或者是圣人,或者是素王,或者是学者,或者被矮化,或者被丑化。历史上的孔子总是出于当时的需求,而被不断地摆弄着,早已脱离了那个真实的孔子。

公元前202年,刘邦凭着他善于纳谏的胸怀、机巧狡诈的应变,还有点流氓无赖的作风,最终打败了西楚霸王项羽,建立汉王朝,成为汉高祖。刘邦原本对儒者没有好感,傲慢无礼、辱骂一声"竖儒"、解下儒者头上的帽子来撒尿等,都是常事。但在高祖十二年,也就是公元前195年,刘邦过鲁时,竟然用祭天大礼太牢祭祀孔子。这一转变原因何在?

新的时代需要新的理论。郦食其、陆贾、叔孙通三位儒者凭借自身的才能、对时势的把握,主动适应新兴政权的需求。他们身上体现出儒家传统"知其不可为而为之"的发愤精神,积极参与实际事务的入世态度。而他们精通时务,大幅改变了儒者那种好古的死板形象,从而获得刘邦的接纳。这确立了汉代儒家随时变革的传统。

刘邦的祭孔开启了后世大规模祭孔的先例。孔子开始了走向圣化和神化的过程。这对于公羊学者而言,是理所应当的。这同时也是他们的理想和目标,于是便极力促成。

当一位学者拜师开始研习《公羊传》时,孔子的形象就已经在他的心中确定下了。孔子除了是一位圣人,在公羊学者心目中,孔子更是一个致力于改变社会现状、建立新王道的变革家。

孔子对春秋时代的社会不满,希望通过《春秋》,改变现实的混乱制度,创制理想中的王道制度。但孔子并不是一位空想的理想主义者,只是历史机缘未到,孔子奋斗一生也没能实现。所以后人就认定孔子有改制之实,却无行制之权,"制《春秋》之义,以俟后圣"。孔子是为后世确立新的王道制度,而这个后世,在汉代学者看来就是他们所生活的汉朝了。何休就明确指出"后有圣汉受命为王,知孔子为制作"。

这样，仅仅把孔子看做一位学者型的圣人已经不够了。孔子的所作所为是作为王者应该做的事业了。学者给孔子冠上了王的头衔，孔子便独享了"素王"的称谓。以孔子"素王"的身份，公羊学者就可以名正言顺地开始替代孔子对国家社会制度进行变革了。

身为万世师表的孔子在中国是神圣的，孔子的一言一行都是不能加以质疑和反对的。

到了近代，维新派仍然离不开孔子的帮助。孔子被塑造成改革家和万世立法的制宪家。想要变法，挽救奄奄一息的清王朝，面对的是一大帮清王朝旧制度的维护者，变法者只能抬出一个经过改造后的"维新化"的孔子形象与之抗衡。

变革需要领袖，而孔子就是中国人变革的精神领袖。

2. 源自《春秋》的批判精神

批判来自于对现实的不满。

生于乱世，却坚守自己的理想，以自己的思想去改变现实的不足。这是孔子作《春秋》的目的，也是孔子一生为之奋斗的目标。

公元前81年旧历二月，汉京城长安，一场讨论朝廷政策的官方会议正在进行。参与的双方是当时参政的公卿大夫和推崇孔子的文学之士。在会议中，自然就涉及孔子。

大夫对孔子本人提出了批评：孔子治理鲁国不成功，后被齐国驱逐，不被卫国所录用，被困在陈、蔡。孔子一生都郁郁不得志，命运可谓尴尬。知道当时不能被录用却仍然不断游说，这是强；知道自己处境困难却仍然不放弃，这是贪；不知道自己被欺骗仍然前往施展才能，这是愚；被困受辱却不能死，这是耻。这四种行为，普通的百姓都不会去做，更何况君子。可见孔子的行事、见识还不如普通百姓。

这种菲薄遭到推崇孔子的文学之士的反驳：孔子生在乱世，却向往尧舜时期的王道。孔子不是不知道处境艰难、不被录用，只是对天下的祸乱感到痛心疾首，就好像慈母扑倒在她死去的孩子身上一样，

孔子周游列国（模型）
公元前497年，孔子因与鲁国国君政见不合，郁郁不得志，在众弟子的簇拥下，开始了为期14年周游列国的生涯。孔子及弟子们艰难跋涉，为实现政治理想而不懈求索

即使知道做任何事都不能可改变现状，但仍然不会停止自己的努力。

生于乱世却思尧舜之道，孔子的所作所为在批评者看来，是做无用功，但孔子是在坚守自己的理想。坚守理想者是痛苦的，往往不被世人理解。距离孔子生活的年代400多年后，人们还在为一位早已远去的人争论不已。尊崇孔子者仍为孔子的执着感染着，效仿孔子的所作所为。而这样一种尊崇将日渐强大，成为主流意识，最终走向全国性的崇拜。

春秋乱世，世道衰微，礼崩乐坏。司马迁曾评论："春秋之中，弑君三十六、亡国五十二，诸侯奔走，不得保其社稷者，不可胜数。"汉代的儒者都看到乱世已经无可救药，孔子何尝不知？在现实中，孔子无法实现自己的理想，退而求其次。晚年，孔子只好返鲁，潜心删诗书，定礼乐，作《春秋》，教诲徒众。

孔子作《春秋》，倾注了他的大量心血，于史中寄托了自己的观念、理想。

"《春秋》之称，微而显，志而晦，婉而成章，尽而不污，惩恶而劝善，非圣人谁能修之。"《春秋》一书充满对乱世的批判，用词细密而意思显明，记载史实而含蓄深远，婉转而顺理成章，穷尽而无所歪曲，警诫邪恶而褒奖善良，只有圣人才能写出这样的文字。一字一句，表达了孔子对历史事件的评价，必定包含褒贬之意，就是后世

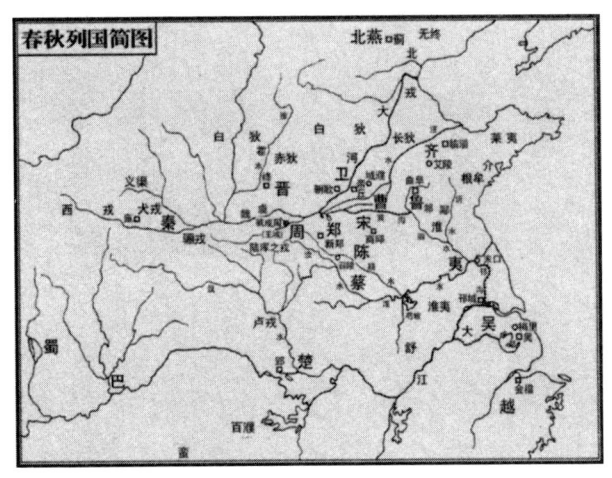

春秋列国简图
春秋时期列国林立，各诸侯国之间战争众多。战争逐渐突破西周所建立起的战争礼仪，出现许多吞并战争。孟子曾总结道："春秋无义战。"

所谓的"春秋笔法"。

《春秋》一书难读,难在深刻理解孔子所要表达之义。在解释《春秋》的三传中,《左传》《公羊传》《榖梁传》各自从不同角度去阐释。《左传》重在叙事,描绘历史事实,确立了古文经学的传统。《公羊传》《榖梁传》重在发挥孔子的微言大义,确立了今文经学的传统。其中又以《公羊传》更为详细。

今文经学强调经世致用,认为学问不是单纯地研究过去书本上的内容,不是为了做学问而做学问,而应该为现实服务。

乱世是春秋时期的主基调,淫乱之事、制度破坏不绝于书。开始是"礼乐征伐从诸侯出",接着是"陪臣执国命",然后是"政在大夫",乃至"夷狄主中国"。如果只是记叙种种乱象,一味叹息、失望是无法解决问题的。

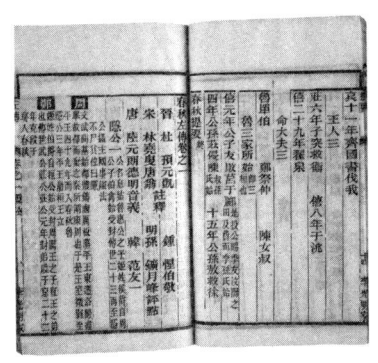

《左传》
十三经之一,是解释《春秋》的三传之一。《左传》侧重于解释历史事实,记载的史事更为翔实

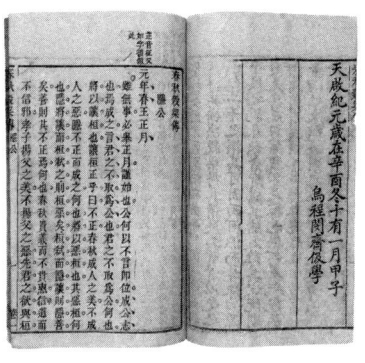

《榖梁传》
十三经之一,是解说《春秋》的三传之一,以语录体和对话文体为主,侧重阐发微言大义。据传出自子夏,由榖梁赤将它记录下来

《公羊传》记载评论春秋时期的史实，批判乱象，其目的是为天下树立王道，为后人塑造可供借鉴的圣贤形象。批判在于重建。所谓拨乱反正，就是基于对现实的审视，寻找解决之道，进行变革。

"制《春秋》之义以俟后圣。"《公羊传》所确立的制度、所设想的王道，即便当下不能实现，人们也坚信后代圣王必定能效法实施。汉朝人认为孔子是在为汉朝制定制度，王道在当时就会实现。这带有一定的预言性质，但也体现了责任感。有许许多多公羊学者参与政治，全力推动实现《公羊传》理想，为这一理想可以奉献一切。如公羊大师董仲舒言灾异差点丧失性命，而眭弘更是直接为宣传《春秋》大义而献身。

变革是基于对现状的认识，而《公羊传》为人们传达了源自孔子的批判精神。

小知识◎盐铁会议

汉武帝时期，在财政空虚的情况下，为了反击匈奴，实行了盐铁官营、酒榷均输等经济政策。这些政策的实行，使汉朝政府广开财源，得以有比较雄厚的物力基础来支持长期的战争，不断安定边疆，拓展疆土。但这也逐步使一部分财富集中于大官僚、大商人手中，普通百姓日益穷困。

汉昭帝即位之初，朝廷就围绕是否改变盐铁官营、酒榷均输等经济政策展开了讨论。

始元六年（公元前81年），长安城中，一场就政府是否对盐铁实行专卖一事的激烈辩论展开了。一方是从武帝时

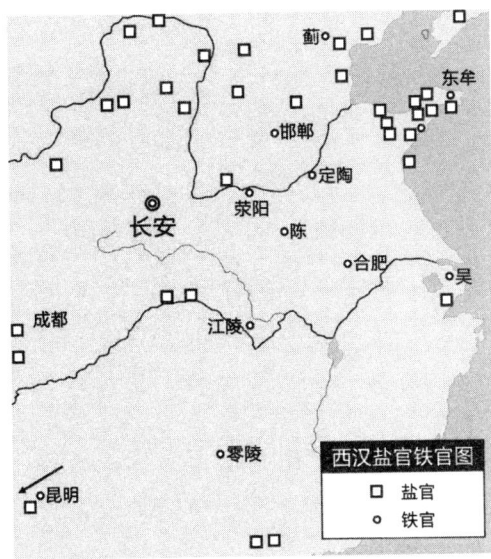

西汉盐铁官

为增加政府财政收入,汉武帝规定盐铁由国家垄断经营,并设置行政机构具体管理。在中央于大司农下设盐铁丞,总管全国盐铁经营事业,地方各郡县设盐官或铁官经营盐铁产销

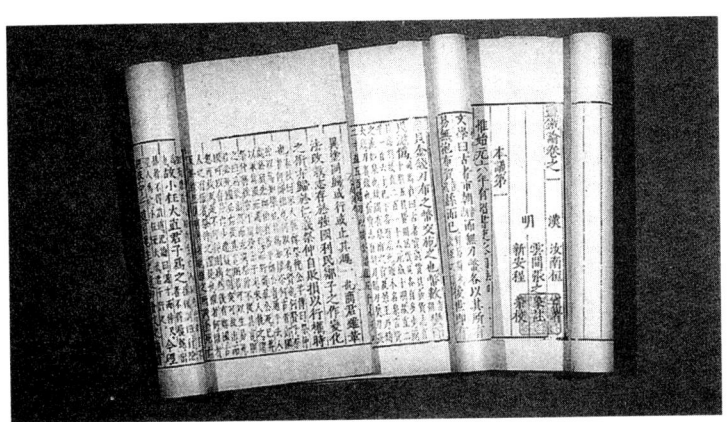

《盐铁论》

《盐铁论》是西汉桓宽根据汉昭帝时所召开的盐铁会议记录"推衍"整理而成的一部著作。以贤良文学为一方,以御史大夫桑弘羊为另一方,就盐铁专营、酒类专卖和平准均输等问题展开辩论

起长期当政的法家代表御史大夫桑弘羊，一方是儒家思想的忠实信徒贤良文学。此次会议被称为"盐铁会议"。后来，汉宣帝命桓宽根据这次会议的内容，整理成《盐铁论》一书。

  盐铁会议在政治上终止了武帝的战争政策，汉朝转入新的休养生息的时期。自此之后，在思想上汉初儒、法合流的趋势终止，先秦孔孟思想传统重新恢复。儒家思想重新崛起，在宣帝时期进一步得势，至成帝时则完全居于统治地位了。

3. 重权变的《公羊传》

孔子曾提到过一个很有意思的事：从前，舜侍奉父亲的时候，如果父亲用小棍子打他，舜就待着不走；而如果父亲用大棍子打他，舜就赶紧跑开。

舜是古代圣王，但他父亲却是出了名的恶父。所以我们看到了这样一个可爱的舜，就和小时候的我们一样，扛不过了就逃。

孔子在讲这件事的时候，是带有赞许色彩的，因为这正是权宜应变的表现。舜能够避开父亲的重罚，避免让父亲陷入殴打子女致人伤亡的境地，这才是真正的大孝。

实际生活中总是充满各种例外，无法完完全全用一成不变的原则规范去套用。根据实际情况，作出适当的权变，从而能更好地维护根本性的原则。儒家学者并不是一味刻板地遵循原则规范，而是表现出一定的灵活性，从而保证儒学不断与时共进，成为"活着"的儒学。

直接面对政治实际的《公羊传》，并没有逃避经权问题。

知道经权之变的典型就是春秋时期郑国的祭仲。《公羊传》对他大加赞许褒扬，认为他是贤相。

郑庄公死后，公子忽即位。祭仲是郑国的大夫，在国内具有举足轻重的地位。祭仲在出门途中，被宋人抓获。宋人要祭仲驱逐国君忽，改立公子突，否则就将灭掉郑国。祭仲审时度势，答应了宋国的要求。

这原本只是历史潮流中再普通不过的政变，《公羊传》却着眼于祭仲的变通行为，着力阐发了经权关系。以"经"来讲，驱逐国君乃是大逆不道的行为。但为了一味严守"经"的话，宋人恼羞成怒，攻伐郑国，不仅国君保不住，郑国也将灭亡。而如祭仲所为，答应宋人要求，先让国君避难他国，等风头过去了，可再次驱逐突而迎忽，便可以保住国君，也可保全郑国。祭仲所选择的"权"破坏了"经"，知道国重君轻，以个人的不忠换来了更好的结果——保国。这一事件是对权变之利最好的诠释。

要求"不变"，到最后是死路一条；只求"变"，变到最后又会没有根本。因而这里的"变"不是随意的变，而是在有所约束下的"变"。有所变，有所不变；能变，也能不变，这才厉害。

那么，行权应该是怎么样的？《公羊传》提出："权者反于经，然后有善者也。"权变的做法虽是违背一般规则的，但最终行为后果仍然必须是善的。行权也有准则：行权自能采用自我贬损的手段，而不能采用伤害他人国家的手段。通过伤害他人国家来保全自己的行为，不是行权，也不是君子所为了。

《公羊传》对经权关系的表述成为儒家的经典表述。

除了探讨经权问题之外，《公羊传》还用一种隐晦的方式体现权变，这就是在写法上的"实与而文不与"。

春秋时期礼崩乐坏，有些事情虽然违反了礼法，但它的现实积极意义是不容抹杀的。在涉及这类事件时，该怎么办？《公羊传》采取调停两者的做法，在记载事实的文字上虽表现为不赞同，但实际上根据实际情形对此事暗含赞赏之意。

例如僖公元年（公元前659年），《春秋》记载："齐师、宋师、曹师次于聂北，救邢。"对此事的记载，《公羊传》认为出师讨伐、分封诸侯是天子才可以做的事，并不是诸侯能擅自做主的，所以这一次的救援并不是出自天子之义，是不合礼法的。但要看到当时天子无权，天下诸侯常常有灭亡的，这种情形下，如果有能力去救援，能避免诸侯国灭亡，即使没有天子之命也是可以的。

如此可见，《公羊传》注重实际，注重权变。新旧交替之际，一方面是当时诸侯割据的现实，另一方面又是对"大一统"的期待。理想和现实的矛盾，是任何一位变革者都会遇到的状况。守经还是权变，是人们要去选择的。

我们常常会看到这样的场景：

几位长辈会搬出祖宗家法，滔滔不绝地教训年轻晚辈，感叹"世风日下，人心不古"。而一旁的晚辈一副不服管教的态度，申辩道："原来的做法已经过时落后了，现在我们只是做了改进。我们这样会做得更好。"

这是一场较量。一边是守经，一边是权变。在社会中，往往年长者是规范原则的守护者，而年轻人是变革的推动者。双方的动机都是希望生活得更好，守经看重的是规范原则的制约性，权变看到的是时代形势的变化。

现实的影响力不亚于旧有礼法的约束力。死守礼法，会落后于现实，处处碰壁，束缚社会。一味改变，天马行空般无原则的变革，只会导致混乱。学会在两者间找到妥协方法，随时而变，才能更好地处理问题。清人苏舆指出："《春秋》以经辅治，以权济变，使人心不迷于正经，则天下可得而理矣。"正是这个道理。人们不应该只是死守原则，要在坚守善道根本立场的基础上根据实际情况而做出权变。这样天下才可以获得治理。

《公羊传》重视权变，随时而变，为后世的变革提供了理论支持。

4. 三世说：追求太平盛世

《三国演义》开篇曾讲道："天下大势，分久必合，合久必分。"中国的历史中有多次的分裂和统一。在这分分合合中，作为普通的中国人，所期望的只是安安稳稳的生活。但是真正能够实现这一期望的也只有在统一的盛世时期。这可能就是中国人追求统一、拥有盛世情结的原因。

中国人的盛世情结由来已久。在《礼记》中有着对盛世的描绘："大道之行也，天下为公。选贤与能，讲信修睦，故人不独亲其亲，不独子其子，使老有所终，壮有所用，幼有所长，鳏寡孤独废疾者，皆有所养。男有分，女有归。货，恶其弃于地也，不必藏于己；力，恶其不出于身也，不必为己。是故，谋闭而不兴，盗窃

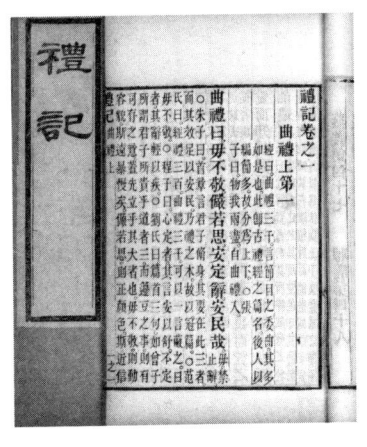

《礼记》

《礼记》是中国古代一部重要的典章制度书籍，十三经之一，由西汉礼学家戴圣编定。该书主要记载和论述先秦的礼制、礼仪，记录孔子和弟子等的问答，记述修身做人的准则

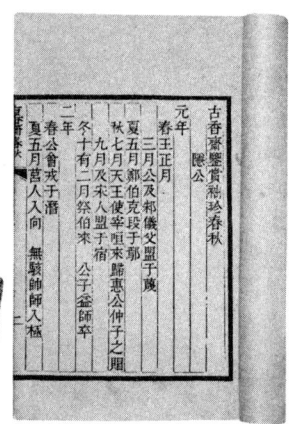

《春秋》

《春秋》是儒家典籍"五经"之一,据传是由孔子修订的。书中用于记事的语言极为简练,然而几乎每个句子都暗含褒贬之意,被后人称为"春秋笔法"

乱贼而不作,故外户而不闭,是谓大同。"

在这样的大同社会中,道德高尚、有才能的人能够获得任用。人与人之间讲求信用,和睦相处。人们不只是敬爱自己的父母,不只是疼爱自己的子女,而同样能使老年人得到善终,青壮年人充分施展才能,少年儿童健康成长。老而无妻者、老而无夫者、少而无父者、老而无子者,都有供养他们的措施,男女都有各自的归属。人们厌恶随便抛弃财物,但不一定都藏在自己家里。人们都想出力气干活,但不一定是为了自己。这里没有奸诈之心,没有盗窃、造反和害人的事情,因此不必整天关上门。

这样的场景,即使是在现在也未曾真正实现。但这是一代一代中国人的梦想。

真正盛世的实现是困难的,而《公羊传》给出了三步走的规划。

有时看《公羊传》,如果没有后人的解说,真是很难看懂、了解其真实的内涵。《公羊传》提出过"所见异辞,所闻异辞,所传闻异辞"。但一般人又有谁会想到由此便会产生"三世"说,成为中国人看待社会演变的学说。

我们在记录过去的事情时,往往离我们越近的历史其资料越多,我们的记载就详细些,离我们越远的历史其资料就越少,我们的记载也就简略些。《春秋》在记载历史时自然也不例外,出现了文字记录不一样的三个时期。

孔子及其父亲所生活的是昭公、定公、哀公时期,祖父所生活的是文公、宣公、成公、襄公时期,高祖曾祖所生活的是隐公、桓公、庄公、闵公、僖公时期。由此而形成亲见的时代、亲闻的时代、传闻的时代三个时期的划分,记载详略、记载用词也各不相同。离得远的资料少,离得近的资料多;离得远的顾忌少,写得直白,褒贬的倾向可以明显一点,而离得近的很多当事人和利益攸关者还都活着,笔下难免就要有所避忌。

三个时期的划分原本并没有特别深刻的含义,但后世的《公羊传》学人却不这么想。经历一代人又一代人的思考,一个社会演变理论逐渐清晰起来。到了东汉时期,何休衍生出"据乱世—升平世—太平世"的发展过程。

"于所传闻之世,见治起于衰乱之中,用心尚粗犷,故内其国而外诸夏,先详内而后治外。"所传闻之世是乱世,一位新的王者将会兴起。他在乱世中要开始寻求建立新的盛世,但需要一步步来。治法不能过分严厉,而且要区别对待,要严于律己,先提高自身的道德水平,将自己的国家作为盛世榜样,由近及远,再治理其他国家。比如说自

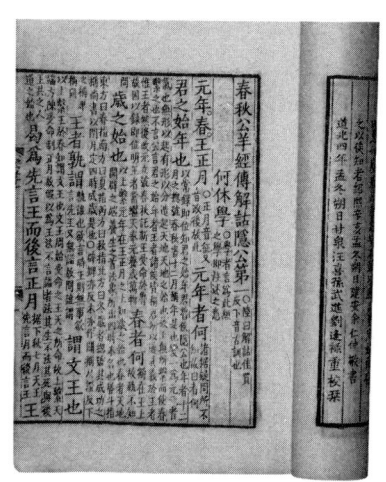

《春秋公羊经传解诂》

《春秋公羊经传解诂》，东汉何休注，唐代徐彦疏。何休为《春秋公羊传》制定义例，徐彦作疏也保存了唐以前的一些旧说。这是今文经学派的代表性著作，收入《十三经注疏》。

已有小恶要谴责，别国有小恶则不谴责。

"于所闻之世，见治升平，内诸夏而外夷狄。"到了所闻之世，由乱世上升进入平世，是相对平安稳定的时期。经过前期的王道教化，人们的道德水平有所提高，生活也能合乎礼仪。实行王道的区域已经超过了原先，扩展到了中原各个华夏诸侯国。只是偏远的未开化的夷狄还未接受王道，与中原华夏有所差别。

"至所见之世，著治太平，夷狄进至于爵，天下远近小大若一，用心尤深而详。"最终进入太平世。这是怎样的一个时代？作为社会演化的终极，在太平世，人们道德有了进一步提高。此时，夷狄也已经接受王道教化，接受了中原华夏文化。所以天下不再有文化的差异，不再有国家间的区别，天下都实施王道仁义。

这种社会演变是一种不断前进的变化，是王道实现的过程。社会在变，三世异治，不同阶段治理社会所采取的手段也有所不同。但所有的治理手段都指向同一个目标——践行王道，最终到达太平盛世。三世演变，趋于太平，成为历代帝王和儒学士大夫所自觉担负起的使命。

古代多数儒家学者都言必称尧舜，认为唐尧、虞舜、夏禹时代，世风淳厚，人人修敬敦睦，互让互助，以后世道衰退，民心不古，互相争夺，以至兵戈不息。三世说是同中国古代居于支配地位的上古黄金时代论、历史循环论相对立的。公羊学者常自称"其中多非常异义可怪之论"，这就是怪论之一。

我们可以明显感觉到公羊三世说非常接近社会进化论。然而毕竟只是带有进化论苗头而已。何休是在总结春秋时期的历史状况中提出三世说，只是对于过去历史的描绘，没有真正对未来社会进行设想。而当近代康有为接受了西方达尔文生物进化论、斯宾塞社会进化论和傅立叶、圣西门等乌托邦构想之后，才真正将公羊三世说包装成进化论的载体。

变革总是有最终的目标，公羊三世说为人们变革的进程和最终理想确定了基调。

小知识◎乌托邦

乌托邦（Utopia）一词出自托马斯·莫尔的《乌托邦》，书中描绘了一个完全理性的共和国"乌托邦"。莫尔在书中虚构了一个大西洋上的小岛，小岛上的国家拥有完美的社会、政治和法制体系。

乌托邦（Utopia）本义为"没有的地方"或者"好地方"。

后来我们便用乌托邦来指理想完美的社会，特别是用于表示法律、政府及社会情况。

　　乌托邦代表的是人们对于未来理想社会的追求。在西方，从最早柏拉图的《理想国》，到后来康帕内拉(Campanella)的《太阳城》，圣西门、傅立叶、欧文的空想社会主义等，反映了不同时期的乌托邦设想。

三 新王朝 大变革

中国的历史是一个王朝不断更替的过程。王者易姓受命，新王朝建立，也意味着大的变革。改正朔，易服色，种种大变革都是为了更好地确立统治秩序。

1. 顺天革命

在看《三国演义》的时候，我们印象最深、谈论最多的，往往是刘关张三人的忠义，曹操的奸诈，诸葛亮的足智多谋，等等，但我们似乎忘了当时名义上的统治者——汉献帝。汉家400年天下，断送在汉献帝手中。这样一位亡国之君，并非是一位昏庸之人。宋元之际的史学家胡三省是这样评价的：汉献帝并不是一个昏庸无能之辈，之所以在他手里终结东汉一朝，是因为他只不过是一空头皇帝而已，"威权去已"。

《三国演义》在描绘汉献帝禅位给曹丕时，我们看到的是悲凉的一幕。大臣们强行逼迫汉献帝下诏禅位，更有人走上皇帝宝座，拉扯汉献帝龙袍。满眼都是曹丕的亲信，汉献帝不得不禅让天下。

范晔曾赞叹道："献生不辰，身播国屯。终我四百，永作虞宾。"汉献帝生不逢时，丢掉了皇位失去了国家。汉朝四百年的国运终结，献帝只能像上古时期尧帝的儿子丹朱被舜帝流放到虞地那样永远做曹魏的臣子了。

自此之后，直至宋代，禅让成为权臣交接政权的主要方式，有了固定程序，成为一种制度。始作俑者便是曹魏。

权臣虽然早已牢牢把握了朝政大权,但还不敢随随便便就篡位。要让天底下的人都信服,就要搞得名正言顺,顺应天命而取代前朝。这一种观念经过两汉公羊学者的倡导,已经深入人心了。

汉代公羊学中对于王朝的更替有详细的说明。

夏商周三代的更替,在古代人心目中,是对历史演变最典型的阐释。

"汤武革命,顺乎天而应乎人。"当后人回想起成汤灭夏桀、周武王伐商纣王的时候,总是带有向往和推崇的心态。成汤、周武王都是顺应天命,建立新王朝,这是百姓所期待的。

一个王朝的兴衰,在于天命和人心。无怪乎,后世新王朝建立者都会自称是天命所在,顺天应人,开国皇帝也都以汤武自居了。而到了明清,皇帝所下的圣旨都要加上"奉天承运",时刻警示人们。

但是天命不是只会眷顾某一姓氏的。"天命靡常",天命是会变动的,这是早在商周时期就已经被人们所知的了。历代皇帝都希望自己的江山永固,可以传至万世,但历史的事实不断提醒:王朝的更替也是不可避免的。

《公羊传》归纳了历史上夏、商、周三代的更替,认为夏有夏统,商有商统,周有周统。三代更替各自建立起新气象,做出新的改动。小到衣服的颜色,大到历法、祭祀制度,在整个礼仪制度上都给人耳目一新的气象。这样做表明本王朝的兴起是受命于天,来变革前朝旧有统治的。

新的王朝建立,刚即位的君王就会发布一系列诏令,确立起新的"大一统"。

极为重要的是改正朔,也就是变换年号、历法。正和朔分别指的是一年和一月的开始。这对我们现代人来讲,不是什么大问题,但对

清帝退位诏书

清宣统三年十二月二十五日（1912年2月12日），隆裕太后代表宣统皇帝发布退位诏书，将统治权交出，结束了清朝的统治

古人来说，却是很重要很严肃的问题。

司马迁在《史记》中讲道："王者易姓受命，必慎始初，改正朔，易服色，推本天元，顺承厥意。"新王朝的统治是新的开始，所以在夏商周都会确立一年的开始时间，如夏是将一月作为新年的开始，商是将十二月作为新年的开始，而周是将十一月作为新年的开始。正如世间的万物成长都有一个开始，新的王道建立也有一个开端。

据记载，夏王启亲征有扈国，其兴师问罪的理由首先就是"怠弃三正"。奉正朔是诸侯认同中央王朝权威的重要标志，有扈氏怠慢废弃，不奉正朔，当然会被认为是挑战上天赋予夏王的权威，讨伐不奉正朔的诸侯就是维护王朝治权，保证天下一统的必要行动。"天子谨于承天，诸侯凛于从王，皆莫大乎正朔。"宣布正朔的特权是拥有上天赋予治权的象征，颁赐历日是王朝行使上天赋予的权威，制定时间节律的一种象征性统治权力，而接受正朔就是承认王朝的统治权，是认同这种

蜡像"成吉思汗登基大典"

登基大典是为新皇帝即位举行的一个重要的仪式。登基大典一般有一整套的规定程序,包括择日、祭天、祭告宗庙、大赦等

朝鲜官员(模拟场景)

朝鲜王朝建立于明朝初期,国王及官员采用明朝官员服饰,一直沿用。清朝初期官员见到朝鲜使者身着大明衣冠,往往都会发出对明朝的思念和感叹

统治秩序的象征。

周朝天子同样每年年末要确定正朔，并向所统治的地区和从属的周边政权颁赐历法。周所分封的各个诸侯国都要接受周的历法，表明尊崇周天子的统治。《周礼·大宗伯》述太史之职在于"正岁年以序事，颁之于官府及都鄙，颁告朔于邦国"。每年重复不断地颁正布朔的象征性仪式是为了不断强化既有的统治格局。

《公羊传》在开篇把改正朔看做顺应天命，能够重新成就万物。君王将这个开端掌控在自己手中，就是象征统治天下的开始。

虽然汉以后的朝代很少改正朔，但改年号、颁历法仍然是天子行使皇权的重要手段。旧时称历书为皇历，盖因历书必由皇帝所颁。使用哪一朝的年号，就代表着服从哪一朝的统治。明朝灭亡后，作为属国的朝鲜表面上是奉清为宗主，但私底下，不少文人却还在奉明朝的正朔，崇祯年号一直用了二三百年。不过大清鞭长莫及，也就随他去了，但在王朝版图内，这就形同造反。如庄廷钺《明史》案，就因为不使用清朝年号，庄家几乎被灭族。此案最后牵扯到2000多人，70多人被杀，18人被凌迟，十分惨烈。

此外需要变革的还有众多的礼仪制度。

易服色，就是改变朝廷服饰所崇尚的颜色。夏尚黑、商尚白、周尚赤，各个朝代以某一种颜色作为正统服色。在实际的改朝换代中，易服色不单单只是改变服装而已，更是要改变整个社会的面貌。

清代多尔衮大军入关时，清朝官员首先掀起了一场归旗运动，让各级官员带着全族人宣誓：我和我的子孙后代将永远成为旗人。后来又在全国推行了"留发不留头，留头不留发"的大规模易服色运动，于是满汉一体，都留着一条大辫子。这样仪表的改变算是真正确立了清朝的统治。

服色应该怎么改变，离不开五德终始说的界定。

依据五德终始说，每个王朝都有各自的五行德运，德的变迁跟王朝的政治气运是一致的，由此可以确立王朝尊崇的颜色。然而在实践中，这却成了一个说不清楚的问题。

汉代确立唐虞为土德，夏为木德，商为金德，周为火德，而对于自己是哪个德运却众说纷纭，原因在于汉之前的秦朝是否应该纳入五德终始体系中，汉文帝时就有了争议。鲁人公孙臣主张汉既代秦，是土克水，应为土德，服色尚黄。丞相张苍则说秦朝残暴又短暂，不应算作一德，汉朝方算水德之始，应崇尚黑服色。但汉文帝在祭天时，似牢记着刘邦为赤帝子的神话，既不服黄，又不服黑，只着赤色。经过多次争议，最终汉朝确定为水德，色尚黑。所以我们现在的众多电视剧中，汉朝皇帝的衣服及官员官服都为黑色。

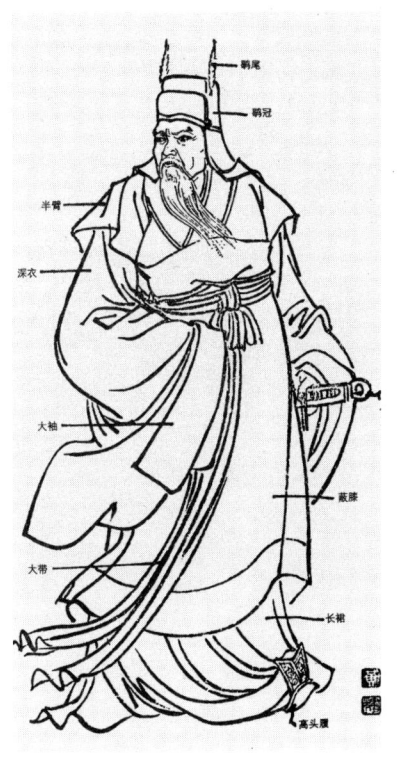

汉代官员服饰

中国完整的服饰制度是在汉朝确立的。汉朝官员服饰基本以黑色、红色为主。采用"上衣下裳"形式，就是上穿衣下穿裳，裳即是裙

三　新王朝　大变革 | 51

南北朝时期的北魏同样遇到这一问题。

北魏太和十六年（492年），孝文帝议定北魏的德运。当时有两种意见。一是认为无论朝代长短，都应纳入五德系统。晋承魏为金，赵承晋为水，燕承赵为木，秦承燕为火，北魏继承秦，所以是土德。而另一观念认为北魏直接继承晋朝，为水德。这样把五胡乱华时期建立的众多朝代抛在一边。最终孝文帝从王朝正统性出发，确定北魏承晋为水德。

确定德运对于每一个王朝来说是极其重要的，但又是难以定夺的。后世王朝也就不再在德运、服色上纠缠了。皇家普遍以黄色为最尊贵

清代留辫子的男子
清代满族成年男子把前颅头发全部剃去，只留颅顶后头发，编结成辫，垂于脑后。清朝入关后，在全国实行男子留发辫政策。这样的胡人装束，成为汉人反满的重要原因

和祥瑞之色。易服色还是要进行的，只不过主要改变的是服饰的款式、花纹了。

直至近代，康有为还认为："王者改制，必易服色""非易其衣服，不能易人心，成风俗，新政亦不能行"。易服色是改变人们心理思维的重要方法，使人们能接受新的变革。但是，"戊戌变法"失败，历史没有给康有为改革服饰的机会。

而与此同时，孙中山在1895年10月"广州起义"失败，逃亡日本横滨后，就断发改装，以示与清廷决绝和革命到底的决心。在辛亥革命和民国建立期间，剪辫子、变更服饰同样是作为革命的重要组成部分。这虽然是适应时代发展的需要，但也是易服色这一中国王朝变革传统的延续。

清朝普通百姓
清朝建立统治后，改变了原有汉族的传统装束，推行带有满族色彩的服饰。这种服色的改变也是加强清朝统治的手段

民国时期普通服饰

民国时期，经过变易服色，出现了服饰上的中西并存、新旧杂陈现象。政府废弃了千百年来以衣冠区别等级的传统习惯及规制，人们的服饰逐渐多样化

孙中山

孙中山很早就断发改装，表示与清朝廷断绝关系。辛亥革命后，又倡导设计了新的服饰——中山装，将变更服饰作为革命的一部分

2. 变革在灾异中前行

社会的变革并不是非常简单的事。它需要多方面的准备，万事俱备，变革自然水到渠成。

在《三国演义》中，我们看到在汉魏更替中，曹丕算是做足了功夫，说是自曹丕即魏王位以来，麒麟降生，凤凰来仪，黄龙出现，嘉禾蔚生，甘露下降，总总祥瑞产生，同时有谶言："鬼在边，委相连；当代汉，无可言。言在东，午在西；两日并光上下移。""鬼在边，委相连"，是"魏"字也；"言在东，午在西"，乃"许"字也；两日并光上下移，乃"昌"字也。各种迹象表明大汉天命已经终结，天命降临大魏。汉献帝的禅让也是顺应天命，效法上古圣王尧舜。

历代王朝的更替必定伴随着祥瑞、谶言出现，而王朝的败落也必定伴随着灾变、谶言出现。祥瑞、灾变、谶言，成为进行变革的号角，推动变革的发生。

这种观念深入人心，是和两汉时期公羊学者的大力推动分不开的。

为什么《春秋》中大量记载了自然界中各类灾异，如大风雨、虫灾等？《公羊传》是这样解释的：这是上天对于人们的告诫，所以要

北京古观星台
古人重视天象对人世间的影响,同时需要通过天象来计算、设置日历。所以历朝历代都重视观测天象,观星台就是为此而设立的

郑重其事地记载下来。天人感应,是将各种灾异、祥瑞和社会中的现象联系起来。西汉公羊学者董仲舒进一步解释道,天和人同类相通,相互感应,天能干预人事,人亦能感应上天。"国家将有失道之败,而天乃先出灾害以谴告之,不知自省,又出怪异以警惧之,尚不知变,而伤败乃至。"可见天还是有仁爱之心的,并不是让世间君王统治立刻败亡,而是用各种自然现象来告诫,让君王能改过。每当自然灾异出现,统治的君臣就要开始反省自己所采用的制度政策,通过变革弊政来顺应天命。

在汉代,灾异发生对于公卿大臣们而言是一个良好的机会,可以借此批评时政,要求变革。所以在大臣向皇帝所上奏的奏章中,我们会看到大量利用灾异来表达自己政治主张的内容。

汉宣帝地节三年（公元前67年）夏天，京师突然下起了冰雹。这就是一场特殊的天气灾害。放在现在最多就是要处理好灾后的人员伤亡财产损失情况，但是，当时大家关注的焦点不在此。

天降冰雹后，大儒萧望之就要求见宣帝，当面论述冰雹灾害。萧望之认为今日的雹灾是由于大臣中有一姓人手握朝政所致，暗指当时霍光家族专权。当时霍光虽死，但其子霍禹为大司马，侄霍山领尚书事，亲朋故吏充斥朝廷。

又如在东汉末的建康元年（144年）九月，京城洛阳、太原、雁门都发生了地震。古人认为这是阴阳不和所导致的。当时宦官专权，朝政腐败，引发众人不满。皇甫规趁这个机会，上书朝廷，认为灾异没有止息，盗贼横行，是由于奸佞的权力太重所造成的，特别是宦官，应当迅速罢黜和遣退，安抚人民的痛苦和怨恨。

西汉末王莽篡汉改制的进程中也少不了诡异天象的"配合"。

王莽掌控了汉朝大权，他想按自己的意愿和设想去变革制度，但仍然有着许多掣肘之处。如何可以让人们信服并接受呢？

这时就有了神奇石头的出现。有人挖井时得到一块白石，一头圆，一头方，上面还有红字：告安汉公莽为皇帝。这是天意，天降祥瑞，王莽便当上了"假皇帝"。到了初始元年（8年），在巴州某山上出现了石牛，石牛上也刻了字。据说见到石牛时，天突刮起大风，沙尘冥天闭日，风止以后，居然发现天上降下了铜符帛书。书上说："天告帝符，献者封侯。"又云："畏天命，畏大人，畏圣人之言……"种种异事，表明上天都在替王莽说话，王莽应该成为真皇帝。

在众多异象的衬托中，王莽正式即位，建立新王朝，开始了大规模的改革运动。

王莽的变革最终失败了，但这种模式确实传了下来。

新朝"大布黄千"铜母范
铜范长9.1厘米,宽7.4厘米,是王莽第三次币制改革的历史遗物,中国国家博物馆藏

灾异是传递天意的媒介,但还是需要人来解读。在解读过程中,不免掺杂了人们的主观愿望。如此一来,灾异就成为一种任人摆弄的政治资源。灾异出现,是要推动变革还是阻碍变革,都在人们的掌握中。在改革派看来,这是变革的机遇;而在守旧派看来,这是攻击变革的最好借口。

董仲舒的"天人感应论"本是伸天以屈君,用心良苦。但到了后世小人手里,就只言"祥瑞"不见"灾异",甚至"灾异"也变成"祥瑞",成了粉饰太平、拍马逢迎的工具。对于新规惠政,蓄意阻挠者有之,阳奉阴违者有之,以致遮蔽了利于改革进展的有益对立面。守旧派认为灾异的出现是对人们改变祖宗家法行为的谴责。在这种情形下,灾异成为阻碍变革的借口,改革派反而要抵制此种言论了。

"天变不足畏,祖宗不足法,人言不足恤。"王安石在北宋神宗熙宁年间进行改革时,反对因循保守,提出这一著名的"三不足"论断。天象的变异不足畏惧,祖先制定的规矩制度也不一定要效法,人们的

湖北荆州张居正故居
张居正（1525～1582），明朝中后期政治家、改革家，万历时期的内阁首辅，辅佐万历皇帝进行了"万历新政"，使原已垂危的大明王朝得以延续

议论也不需要担心顾虑。这体现了王安石变法的决心和大无畏精神。

当明朝万历年间，张居正变法时，也面对同样的问题。守旧派以天变灾异来反对变法，张居正不得不站出来再次批驳。

"三不足"说在王安石、张居正等变革者身上一以贯之。它所反对的是那些无足轻重的"流俗之言"，特别是借口"天变""祖宗之法"行阻挠改革、维护僵化体制与既得利益之实的各种浮言杂议。

小知识◎单名的时代

翻开《三国演义》，有人可能会发现这样一个现象。《三国演义》的出场人物，其中有名有姓者共1092人，有姓无名者40人。在这众多的人物中，上自帝王将相，下至平民百姓，几乎清一色的都用单名。其实，整个东汉、三国这 300 多年间的人名，几乎全是单字，双字名是极少的。这是为什么？

这与《公羊传》中"讥二名"是分不开的。

《春秋》定公六年记载："季孙斯、仲孙忌帅师围运。"原本应该是仲孙何忌，为什么却写作仲孙忌？《公羊传》解释道，这是讥讽他取二名，二名是非礼的。

自周、秦以来，一直是以单名为主的，崇尚单名已成为一种社会潜意识。而且《公羊传》在汉代盛行，"二名非礼"的观念更加固了汉代以来崇尚单名的观念。

为这传统推波助澜的是西汉末的王莽。

王莽推崇儒家所设想的古代社会。在他掌握大权后，开始了一系列仿照古时制度的改革。这些新政，从土地制度到用人制度，从货币到地名，无孔不入。其中一项就是"令中国不得有二名"。而使用二字名则成为一种惩罚。

王莽的长孙叫王宗，要是慢慢地等，这个王宗是有继承皇位机会的。可是，他性子太急，等不了，就自己准备天子的衣服、帽子，穿上让人画了幅画像，还刻了铜印三枚，与其舅舅合谋，准备抢班夺权。最终事情败露。虽然是亲孙子，但这事是谋逆大罪，自然不能轻饶。王宗一看不好，就自杀了。

王宗死后，王莽下了这样一道命令："宗本名会宗，以制作去二名，今复名会宗。"并贬官爵，改封号。这表示去二名，是朝廷的宠遇；恢复二名，则是贬辱。这样一抑一扬，一褒一贬，对社会的影响就大了，使人们逐渐认为二名是低贱的。

去二名的做法甚至影响到了周边的游牧民族。当时的匈奴单于原名囊知牙斯，也遵循这一命令，改名为知。

短短几年，王莽就败了。而单字名的习惯，却一直延续下来，成为一时风气。

◎董仲舒

董仲舒(公元前179～前104)，西汉公羊学大师，著有《春秋繁露》等。他将天道观和阴阳五行学说结合起来，吸收法家、道家、阴阳家的思想，建立了一个新的思想体系。

◎王安石

王安石(1021～1086)，字介甫，谥文，封荆国公，世人又称王荆公。任同中书门下平章事，位同宰相，在全国范围内推行新法，开始大规模的改革运动。因用人不当，变法失败。

3. 引经为据，变革制度

《公羊传》在结束的时候提到："制《春秋》之义以俟后圣。"孔子作《春秋》的目的不单单是批判春秋时期种种悖逆无道的乱象，更主要的是设立一种王道统治去改变现实。这一设想在孔子生前无法实现，只有等待后来的人去实现了。而在汉代人看来，强大统一的汉朝就是这样一个最好的时期。他们普遍认为，孔子所做的一切都是在为汉朝设立新的制度，他们唯一要做的是把孔子所想变为现实。《公羊传》在汉代兴盛和这种观念是分不开的。

汉武帝尊崇《公羊传》，也是为了变革制度。

汉武帝有自己的理想，要变革，需要有理论的支持。他曾这样对卫青讲道："汉家庶事草创……朕不变更制度，后世无法。"作为一个新兴的王朝，不应完全采用前朝制度，而应为后世创制自己的制度。

汉武帝在政治、经济等方面改革甚多，其中开始最早、最重要的是律令的修订。武帝下令张汤、赵禹等人修订律令，所依据的就是当时公羊学家所倡导的"《春秋》决狱"。

董仲舒曾经批评秦朝的失败，主要不是由于像很多人所讲的那样：

实行法治而不行礼治。关键在于"诛名而不察实",也就是断罪量刑只看事实,不问动机。而《春秋》之道则与之相反。"《春秋》之治狱,论心定罪。志善而违于法者免,志恶而合于法者诛。"一个人出于善的动机而违反律令的可以免罪,而出于恶的动机,即使符合律令也应受到惩罚。

公羊学家所提到的《春秋》改制,有一大特色,就是托古改制。变革制度的阻力往往是强大的。即使你把新制度夸上天,人们没有亲眼见识过,总是很难信服。为这些新制度在历史上找到根源,就会大大提升其可信度。《春秋》的经典地位是无可辩驳的,借此而进行的变革也更具说服力。这便是"《春秋》决狱"中的核心观点——论心定罪原则。

论心定罪,将人的动机作为考察的重要因素。动机不对,就会受到惩罚。因此,后人也会将公羊学家和酷吏联系在一起。律令的修订有董仲舒等公羊学家的参与,特别是受到董仲舒《春秋》决狱的重大影响,所以这套律令过于严厉和繁杂,遭到后人批评。但是将儒家思想和判定是非原则注入法令的做法却得到后人的肯定。汉武帝修订律令是古代法律儒家化过程的开端。

《公羊传》对于中国政治社会变革的实际影响不仅于此,还

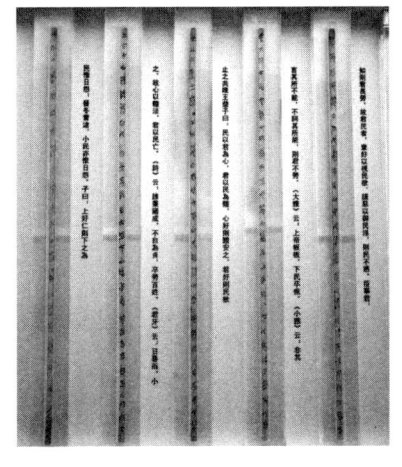

张家山汉简
1983年12月至1984年1月,在湖北江陵张家山三座西汉初年的古墓出土,包括《历谱》、《二年律令》、《奏谳书》、《脉书》、《算数书》、《盖庐》、《引书》和遣策。从中可以了解汉代的法律制度

涉及多项制度的出台。

以选举制为例。

1905年9月2日,作为晚清新政的一部分,清政府发布"上谕",宣布"自丙午(1906年)科为始,所有乡、会试一律停止。各省岁科考试亦即停止"。自此,在中国绵延千余年的科举制度退出了历史的舞台。当我们回顾历史,会发现为选拔人才而产生的科举制,其根源是出于对世卿世禄制的批判。

春秋时期,各级官吏是世袭的,凭借宗法血缘关系,进行官爵世袭。世卿世禄制的缺憾在于,各诸侯国大夫世袭,导致家族势力强大,最终专权把持朝政。国君会盟,却由大夫出席;卿大夫可以随意废立国君,

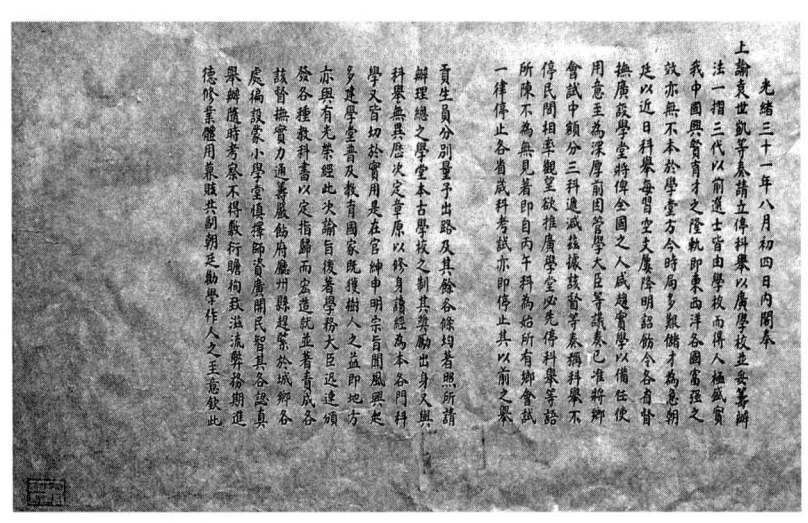

清政府废除科举制的上谕
随着西学的传播,清朝实行新政,科举制度开始改变。后袁世凯、张之洞奏请立停科举,以便推广学堂。光绪三十一年(1905年),慈禧太后下诏书,宣布自光绪三十二年开始废除科举。科举取士与学校教育实现了彻底分离

甚至瓜分国家。另外，卿大夫家的子孙生来注定会成为官员，不必读书，不必有学问。即使是呆笨愚蠢、骄奢淫逸之人，也能按旧例子承父业，如此便无法保证官员阶层的整体素质。所以《公羊传》在多处不断"讥世卿"，批评卿大夫世袭制。

取而代之的应是选择贤能之人担任各级官吏。如汉代选拔官吏的选士制度，乃至后世的科举制，都可以看到选举制的身影。

科举制度废除100多年了，百年来人们一直对它褒贬不一。其实，现在我们重新审视它，不难发现其优点。通过考试选拔人才，下层平民终于有机会可以进入官员阶层。道德良好、学识卓越的人才被源源不断地选拔出来，也给官员群体带来了活力。

中国历史上众多的王朝礼仪制度同样来自《春秋》经文对春秋时期的批判。

夏时制。废除不符合实际的周朝所实行的历法，采用比较合理的夏朝历法。哀公十四年记载道："春，西狩获麟。"按常理，冬天外出打猎才会记作狩，而这里是春天外出打猎。何休注解认为，这是因为"春"指的是周朝历法中的春，在夏朝历法中就是冬。如此记载就是表明要改变周朝历法，而采用夏时制。

三田制。之前通用的是四时田制，就是一年中的春夏秋冬四季都可以外出狩猎。但这一制度不符合野兽生长的规律。夏季，野兽处于生育时期，有许多幼兽。此时狩猎会杀伤过多，而且极其不仁。所以改为三时制，夏季不再狩猎。

定郊制。这个郊，指的是天子祭天。祭天是古时非常重大的仪式，但在周代没有一定的制度，比较随意，由天子根据实际需要临时确定。春秋时，周天子已经长久没有行郊礼了。当时还有鲁国，曾得到周成王特命可以行天子郊礼，但也废置很久了，毫无制度。《公羊传》提出设定郊制，在每年的正月进行郊礼。

此外还有嫡长子继承制、三年丧制、婚礼亲迎制等。这些制度经过汉代《公羊》学家的努力，在汉代得以实行，后代王朝也在此基础上加以继承沿用。

四 变革家，也是公羊学者

风云变幻，清代的中国面临前所未有的境遇，在晋朝就已经没落的《公羊传》再次焕发了活力。有清一代，批判社会、倡导变革的学者几乎都是公羊学者。《公羊传》以新的面貌，为变革家们指明了道路。

1. 万马齐喑究可哀

九州生气恃风雷,万马齐喑究可哀。
我劝天公重抖擞,不拘一格降人才。

——龚自珍《己亥杂诗》第二百二十首

当龚自珍在辞官返乡的途中写下这首诗时,正值道光十九年(1839年)。此时的清王朝正当由盛转衰,在下坡路上急剧滑落。龚自珍有感于社会危机浮现,朝廷压抑人才的情况,作诗来表达变革社会的强烈愿望。

对于"康乾盛世",龚自珍应该深有体会。清承明末天下大乱,入关以来,经几代人不间断地奋斗,最终将清朝推向鼎盛。从康熙经雍正到乾隆,这100多年间,国家统一、经济繁荣、社会安定、政局稳固、国力强大、文化昌盛,多方面成就了盛世景象。

盛世是中国人心中不解的情结,每一代中国人对盛世的称颂、对盛世的向往都到了无以复加的程度。历代帝王以"盛世""中兴"为己任,臣民以身处盛世而自豪。

龚自珍雕像
龚自珍,清末思想家、文学家。他从刘逢禄学习《公羊传》,接受公羊学派的影响,提倡改革,改变晚清的衰世面貌

"其兴也勃焉,其亡也忽焉。"盛世到了顶峰,无法维系,便走向了衰败。吏治败坏,贪污受贿盛行,社会中自身的矛盾凸显,步入动荡之秋。

当然,这一切的变化是细微而缓慢的,唯有识之士才能见微知著,洞察社会状况。龚自珍就是其中一员。梁启超曾说道:"当嘉道间,举世醉梦于承平,而定庵忧之,儳然若不可终日,其察微之识,举世莫能及也。"当世人还沉迷于对盛世的称颂之时,龚自珍已然开始担忧国家社会的衰落了。这不是杞人忧天,而是来自于自身的洞察力、

四 变革家,也是公羊学者 | 69

学识和对世间黑暗的批判精神。

龚自珍（1792～1841），号定庵，出生于浙江杭州的官宦人家。他的外祖父是著名的古文字学家段玉裁。龚自珍由于家学渊源，在文字考据上有一定功力，若沿此传统很有可能成为一代考据大家。然而他志不在此，最终还是没有走上这条路，而是成为开创新风气、启发新思想的先驱。

龚自珍的变革思想，并不是与西方接触才引起的，而是针对当时的社会与政治的情状而发。这一转变和他师从刘逢禄学习《公羊传》是分不开的。《公羊传》中的批判变革精神，好像一股清新的空气，使龚自珍的心胸为之一快。在传统繁琐的治学中，他发现了一种更活泼更灵便的手段，可以表达自己的变革思想。对此，龚自珍十分高兴，倾力投入《公羊传》的理论世界中去了。

> 端门受命有云礽，一脉微言我敬承。
> 宿草敢袱刘礼部，东南绝学在毗陵。
>
> ——龚自珍《己亥杂诗》第五十九首

据传，在鲁国端门曾有预言书，说孔子受命为汉立法。这是公羊学家在汉代形成的一种观点，表明公羊学不是在故纸堆的繁琐考据，而是脱离不了政治现实的时务。龚自珍作为公羊学的继承者要延续这一精神。虽然《公羊传》早已经是绝学了，但是当时在毗陵（今江苏武进）却有庄存与和刘逢禄两位大公羊学家。写诗时，刘逢禄去世已经10年了，而龚自珍仍遵循老师的教导，继续专研《公羊传》，写下了《春秋决事比》。

龚自珍牢牢把握公羊家法"变"的核心，重视董仲舒的学说。但

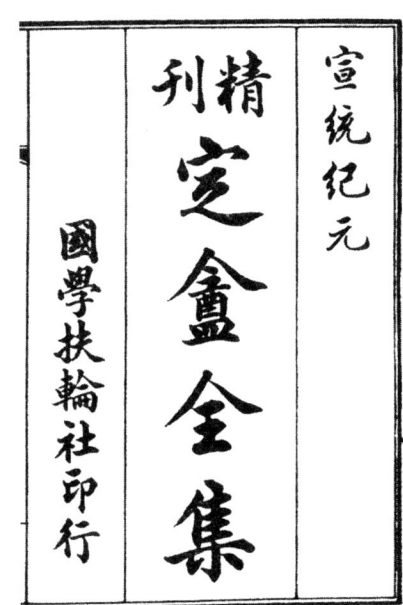

龚自珍《定盫全集》
龚自珍去世后,诗文被编为《定盫全集》。龚自珍的诗文深刻反映了社会危机,着眼于解决各项具体社会问题,带有经世致用的特点

是他比师父更往前进了一步,不只是埋头于学术,更将理论运用到社会变革中去。他沿袭了公羊学家的传统,提出托古改制。龚自珍所推崇的"汉制",显然不是直接重复汉朝的制度,而是依托"汉制"来改变社会现状。

衰世的气氛充斥社会的各个角落,朝廷体制、文化措施、经济时局都陷入腐朽黑暗的状态。当"康乾盛世"已成过往,世间已无太平之时,士大夫心中自然产生巨大落差。龚自珍认为这是一个各阶层都缺乏"才"的社会。上至文武官员,下至小偷、盗贼,都没有或懒得展现他们生命中的才情。因此整个社会毫无生气,生活于其中的人也不过苟且度日而已。所以一旦有人展现他的才情,便会被这个社会所

《新疆设省谕旨》
左宗棠收复新疆后，建议清廷在新疆设省，刘锦堂为第一任新疆巡抚

形成的风气压抑。而尤其应该变革的就是科举制度。当时的科举已经演变成追名逐利的手段，使国家找不到真正的人才，还使读书人丧失了文学与学术的创造力。

龚自珍所提出来的新问题就是西北边防问题。他站在《公羊传》"大一统"的理论角度，将西北纳入中国的概念范围之内。传统观念中的中国仅仅是汉族人所居住的中原地区，而龚自珍取消了长城作为内外边界的象征意义。在龚自珍的视角中，《春秋》大义不断变革，逐渐淡化夷夏之别，特别是到了太平世更是要这样。龚自珍写成了《西域置行省议》，想借新疆立省来解决社会中整体性的问题，同时可以顺便解决军事问题。这是一种突破性的变革。而新疆省的真正建立还

要等到50多年后的1884年。

嘉庆二十四年（1819年）夏天，28岁的龚自珍在北京游览陶然亭。当日正值黄昏，天色阴暗，陶然亭一带，芦苇在风中起起伏伏，楼阁如剪影般远近散布。诗人在壁上写下：

> 楼阁参差未上灯，菰芦深处有人行。
> 凭君且莫登高望，忽忽中原暮霭生。

些许黄昏的云雾已经笼罩清王朝，到日薄西山之时了。年轻的龚自珍洞察了这一切，也怀有力挽狂澜的雄心。龚自珍成为近代中国变革的先锋人物，梁启超一再称颂"晚清思想之解放，自珍确有功焉"。

但清王朝的衰败势不可当，在龚自珍去世前一年，鸦片战争爆发了。

小知识◎刘逢禄

> 刘逢禄（1776～1829），清代经学家。字申受，号申甫，又号思误居士，江苏武进人。刘逢禄专攻董仲舒、何休等人学说，发展成新的思想体系，强调"务通大义，不专章句"。《春秋公羊经何氏释例》是刘逢禄的代表作，也是清代公羊学的奠基之作。以《春秋公羊传》为中心，旁涉尚书今古文问题与天文、小学，与表弟宋翔凤齐名。二人同为庄存与外孙，幼时一同读书，日后皆为清代常州学派的代表。刘氏弟子对晚清世局与思潮的剧烈变迁有主导性的影响。

◎孔广森

孔广森(1753～1787),清朝学者。字众仲,山东曲阜人。孔子七十代孙。尤精《公羊春秋》,多独到之见。擅骈文,是清代骈文八大家之一。所撰《春秋公羊通义》,不专主今文经学,采集汉晋以来注释《春秋》之书,兼取《左传》《穀梁传》,凡是经义"通于公羊"的,均予著录,也是清代公羊学的奠基之作。

2. 变古愈尽，便民愈甚

> 功名待寄凌烟阁，
> 忧乐常存报国心。

坐落于湖南邵阳金谭村的魏源故居，正屋门口的一副对联写尽了传统士大夫的理想。

唐太宗为表彰功臣，将二十四功臣的画像放置在凌烟阁内。凌烟阁，原本只是唐代长安城皇宫内三清殿旁一个不起眼的小楼，却成为后世人眼中功成名就的象征。

魏源用自己的实际行动，去追求这一目标，实现自己忧国忧民、通过变革来改变中国面貌的志向。

魏源所处的清嘉庆、道光年间，是清朝走向衰败、危机开始显现的时期。他20岁（1814年）来到北京，师从刘逢禄学习《公羊传》，自此便和今文经学结下了不解之缘。魏源站在今文经学的立场，利用《公羊传》的变革思想作为理论基础，开始大力开创新风气。

在魏源看来，人类社会是一个"自变"的过程。古代以来，政治制度由王道政治变为霸道政治,尊崇道德变为追求功利。这是自然趋势,是谁都无法改变的。他进一步指出,今胜于古,后人必须在继承前代制度、文明的基础上变革其过时、落后的部分。魏源认为那些"言必称三代"的人,是"读周、孔之书,用以误天下",只能说是"庸儒",流毒无穷。

"气运说"便是魏源对于历史发展的理论解说。治道创始于黄帝,到尧舜时期形成,于三代达到完备;秦结束战国分立的局面,并实行郡县制代替分封制,第一次确立中央集权,形成历史的一大变局,这是中国历史的第一"气运"。西汉经过几代的休养生息,"气运"再造,有文景之治,直到唐宋。到了元代之后,不再有对峙的政权,国家统一,这是第二"气运"。明朝中后期西方势力开始东进,大有"中外一家"的趋势,这是第三"气运"。

有人可能会发现,这个"气运说"似乎很眼熟,将历史分为三部分,明显与公羊三世说有着相似性。的确如此,魏源在公羊三世说的基础上演化出"气运说",更好地和中国历史进程相结合。

鸦片战争后,魏源的经世、变易思想有了转变,开始持有更加开放的观念,还大胆提出"师夷之长技以制夷"的总对策。魏源认为不改变人心之积患,改革就难以继续。

作为倡导社会变革的思想家,魏源同时又是一位出色的实行家。龚自珍关注的是西北边防,而魏源开始关注海洋。

漕运是历代朝廷所关注的,关乎社会统治稳定。在清代,粮食一直是通过运河从江南运往京城。道光年间,运河再次受阻,如何改变漕运费用偏高、航道容易被阻隔、是否改用海运等问题摆上了桌面。一场与长期沿袭的现行制度和习惯势力进行的政治斗争爆发了。

我们现代人改用海运是再普通不过的事了。但对于当时的人们来

漕运

漕运是历史上一项重要的经济制度,是利用水道(河道和海道)调运粮食的一种运输。它保证了京师和北方军民所需的粮食,有利于国家统一,但又是一项沉重负担,运费代价过高,徭役过重

总督漕运部院(漕运总督署)遗址

位于江苏淮安市楚州区。漕运总督署始设于明代,是古代管理运河的最高机关。明清两代,国家设立专门的漕运和河道机构,负责着天下漕运事务和大运河的畅通

清末海上航行的帆船
海运,指通过海道运粮到京师。清朝由于河运弊端丛生,道光年间重新开始海运漕粮

说,就没那么简单了。海运在当时人们观念中意味着更大的风险,而且破坏了长久以来形成的漕运利益链。

魏源认识到漕运终将没落,分析了海运的好处。"海盗""风涛""霉湿",都不能成为反对海运的理由。道光六年(1826年),来自江南的米粮经上海出海,顺利运达天津,用事实说明海运的便捷。这也标志着近代中国海洋时代的开始。

鸦片战争的失败,魏源寻找内部原因,主张改革内政、善用人才。这是根据《公羊传》详内略外的原则,也就是更重视内部的治理而可以忽略对外人的管理。另外,他又主张用洋人的法律和技术来遏制鸦片输入,开通贸易来利用西方国家间的冲突而阻止英国霸权。这又是对《公羊传》中"夷狄入中国则中国之"原则的灵活运用。进而魏源

《海国图志》
《海国图志》是魏源编著的一部世界地理、历史知识的综合性图书。详细叙述了世界舆地和各国历史政制、风土人情,主张学习西方的科学技术,提出"师夷之长技以制夷"的中心思想

四 变革家,也是公羊学者 | 79

把关注的目光逐渐转移到海防。

《海国图志》就是在这样的背景下于 1842 年著成的。这并非纯粹意义上的地理学著作，而是一部军事著作。《海国图志》引述了 100 多种中外著作，全面而系统地描述天朝之外的世界状况。

照理说，《海国图志》在这样一个败世颓局中出现，应该引起很大反响才是。书的宗旨是让中国人"睁眼看世界"，正为当时寻求救国大计的人打开了解西方的窗口，理应畅销走俏。然而这样一部书在当时明显是异类，许多守旧的朝廷官吏无法接受书中对西方蛮夷的"赞美"之词，更有甚者主张将其付之一炬。《海国图志》无疑成了一本大逆不道的书籍。

更令人感到讽刺的是，在国内深受冷遇的《海国图志》却意外在日本走红，成为日本官员和学者共同研读的一部"有用之书"。当时日本著名的维新思想家佐久间象山利用《海国图志》提供的世界知识，结合日本实际，提出了维新改革主张，掀开了日本明治维新的序幕。

3. 穷则思变，变法维新

南洲讲学开新派，万木森森一草堂。

谁识书生能报国，晚清人物数康梁。

这是曾参加过戊戌维新运动的商务印书馆原董事长张元济所赋之诗，对康有为、梁启超在晚清的作为大加赞赏。

晚清时期，在龚自珍等人的批判声中，清王朝并没有改变原有的运行轨迹。中国走到了千年未有的变革时代。

光绪十六年（1890年）春的某一天，广州广雅书局。在这间由张之洞倾力筹资兴办的书局中，一位已过而立之年的年轻人和其同乡慕名而来，拜访的是书局中的廖平。三人十分投机，畅谈至深夜。来者正是康有为和他同乡黄绍宪。几日后，廖平回访，在安徽会馆中再次畅谈。这就是"羊城之会"。

廖平，清末著名的经学家。这个人很奇特，晚年自号"六译老人"，就是指他一生对今古文经学研究有六变。从混合古今变到平分古今，再变到尊今抑古，再变到古大今小，之后越变越奇，越变越虚悬怪诞。

广雅书院

广雅书院，中国近代著名书院之一，在广州城西北，光绪十三年（1887年）由两广总督张之洞创办。书院既传授传统学问，又讲授西方学术。同时创办创立广雅书局，出版各种经籍图书

这一时期的廖平提倡尊崇今文经学，作品《知圣篇》《辟刘篇》在广州被广为传抄。康有为因此慕名拜访他。

出生在广东南海的康有为，从小接受的是传统的程朱理学，曾经也专注于古文经学。但康有为充满忧患意识，与古文经学格格不入，进而转向专研今文经学。而廖平在康有为学术思想的转变中起了加速作用。

羊城之会，康有为收获很大。《知圣篇》发展了孔子为素王改制说，

《辟刘篇》则通过批判刘歆,来指认古文经学是伪造的。康有为受廖平影响提出借孔子的名号进行改制,作为维新运动的理论依据。廖平所作只是学术著作,而康有为作《孔子改制考》《新学伪经考》是出于变法维新的需要,所以社会反响也更大。

在今文经学中,康有为重点研究学习和讲授《公羊传》,对充满变革意识的公羊三世说产生了浓厚兴趣。后来,他曾写过一首《示诸子》给学生,描绘了他的思想:

圣统已为刘秀篡,政家并受李斯殃。

大同道隐《礼经》在,未济占成《易》说亡。

良史无如两司马,传经只有一公羊。

群龙无首谁知吉,自在乾元大统长!

在康有为眼中,西汉末的刘

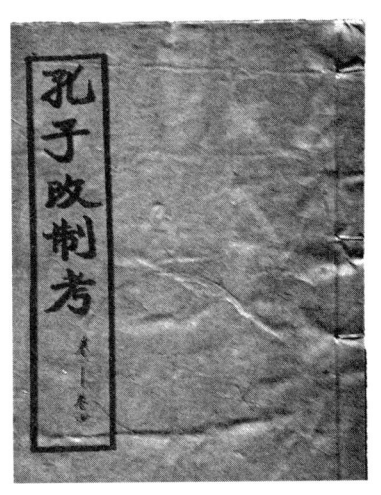

《孔子改制考》

康有为著。借孔子改制的理论为变法提供可靠基础,以历史进化论附会公羊学说,提出通过变法实现大同社会

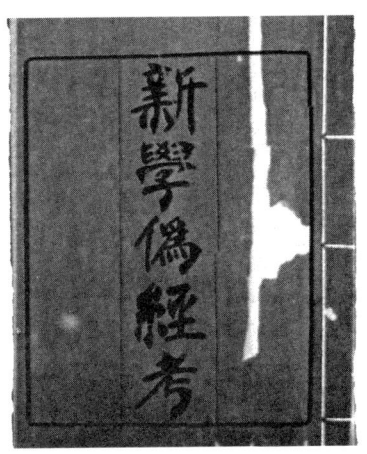

《新学伪经考》

康有为著。着重从经学方面进行论述,对传统的古文经学展开攻击,认为历代尊崇的古文经典是刘歆伪造的,从而打击"恪守祖训"、不愿变法的顽固派

歆伪造了许多古文经书，正统的儒家经典早已被改变了；李斯向秦始皇所提的焚书坑儒建议，使当时大多数术士、儒士、官员都遭到灾难，儒家思想被湮没，那些不好且不成气候的学说占据了主要位置，而真正的《易经》著作却逐渐消亡了。要论史书最好的还是司马迁的《史记》和司马光的《资治通鉴》，真正的经学著作仅有公羊高的《公羊传》。在思想界没有领袖的人物学说有谁知道是好是坏呢，乾坤大统才是正道。

康有为作《新学伪经考》，反对自东汉至清代学者所尊奉的古文经传，力辨刘歆所争请立于学官的古文经均系伪造，故称"伪经"。刘歆伪造古文经学的目的，是为王莽篡汉制造理论根据，湮没了孔子的真经。中国2000年来腐败统治是由于"奉伪经为圣法"造成的。这破除了学者"尊古""泥古""嗜古"的陋习。

梁启超曾比喻《新学伪经考》的著成是思想界一大飓风，而《孔子改制考》的著成更是"火山大喷火、大地震"。《孔子改制考》阐释孔子改制学说，宣扬变法的合法性、迫切性。最得孔子改制精义的，是《公羊传》和董仲舒、何休。六经成为主张改制的书，因时变革，甚至民主理想，都成为孔子早已树立的传统，那么实行维新变法，就成为效法孔子的、完全正当的行动。例如康有为曾说："孔子患列侯之争，封建可削，世卿安得不讥。读《王制》选士、造士、俊士之法，则世卿之制为孔子所削，而选举之制为孔子所创，昭昭然矣。选举者，孔子之制也。"这是把西方的选举制附会为由孔子所创。孔子讥讽世卿制，确立选择贤良士人为官的制度，成为宣扬选举的明证。

公羊学带有"通经致用"的精神，康有为"借经术以文饰其政论"，鼓动天下之士干预中国的命运。公羊学又有"为万世立法"的精神。康有为也去认真思考设计了中国社会未来的图景，最终写下《大同书》。

康有为创办了万木草堂,来推动中国士大夫对中国命运的把控。取名为"万木草堂",寓意是培植万木为国家栋梁,从创办到1898年戊戌政变前的短短6年内,培养了众多学生。学堂贯彻以孔学、佛学、宋学为体,以史学、西学为用的方针。万木草堂成为康有为传播自己变法思想的良好场所。

当时青年爱国知识分子对新理论充满了渴求。梁启超、谭嗣同、夏曾佑也同样。

在甲午战争爆发前,三个年轻人因赶考来到北京,相聚一起,彻夜长谈。他们探讨的就是挽救危亡时局的理论。梁启超这样回忆道:"我们几乎没有一天不见面,见面就谈学问,每天总大吵一两场。但吵的结果,十有九次我被穗卿(夏曾佑的字)屈服,我们大概正得到意见一致。""这会想起来,那时候我们的思想浪漫得可惊,不知从哪里会有怎么多问题,一会发生一个,一会又发生一个。我们要把宇宙间所有的问题都解决,但帮助我们解决的资料却没有。我们便靠主观的冥想,想得的便拿来对吵,吵到意见一致的时候,便自以为已经解决了。""生育在此种'学问饥荒'之环境之中,冥思枯索,欲构成一种'不中不西即中即西'的新学派。"

我们可以看到青年人对国家命运的责任感。这种情形下,康有为将西方进化论与传统《公羊传》结合的理论很快就得到了许多青年人的追捧。梁启超、谭嗣同、夏曾佑等人对康有为心悦诚服,成为宣扬《公羊传》的主力干将。

维新前后,经过康有为等维新派的宣传,《公羊传》一时风靡全国。康有为、梁启超的讲学,都把《公羊传》放在最主要的地位。乃至于保守派中重要代表叶德辉惊呼,公羊学说、维新理论的传播引起"举国若狂"。

真正让康有为去实践自己的学术理念的是戊戌变法运动。康有为利用自己受命在总理衙门章京上行走，许以专折奏事的特权，通过一道又一道的奏折，将自己的变法主张献给光绪，作为朝廷推行新政的参考。

戊戌变法最终是失败了，康有为也只能逃离中国，开始了十多年周游世界的流亡生活。他是一个思想家、政治家，而不是一个实干家，他的参政议政，言多于行，这可能注定了变法运动的失败。但是，以康有为为代表的今文经学不仅主导了戊戌前后"变法维新"的潮流，也启发了"革命"的思想。

小知识◎刘歆争立古文经学

汉哀帝建平元年（公元前6年），刘歆上书哀帝，请求将《左氏春秋》及《毛诗》《逸礼》《古文尚书》等都立于学官。哀帝下诏征询臣下对立《左传》博士的意见，同时让刘歆去跟今文经博士们讨论经义。今文经博士根本就不理睬刘歆的意见，拒绝设立古文经博士的建议。

这是历史上今文、古文经学的一次交锋。当时汉朝设立的学官，是以《公羊传》《穀梁传》为代表的今文经学。古文经学立学官的失败，让刘歆十分恼火。他写了一篇《移让太常博士书》，来驳斥太常博士。

刘歆，是西汉皇室宗亲，其父亲刘向是当时的知名学者。刘歆从小生长在书香门第，很小的时候就开始读书，接受了学术熏陶，其非凡的才华逐渐显露。出于家学渊源和个人天赋，刘歆很早就以才学闻名。

刘歆参加了典籍整理工作，编成了一部综合性的图书分类目录《七略》，将著录的图书分为六个大类，对每种每类都加小序，说明其学术源流、类别含义等，成为中国目录书的典范。在这个过程中，他发现了用先秦古文抄写的《春秋左氏传》，特别喜爱。从此刘歆开始宣扬古文经学。

汉代，今文、古文经学是根据书写文字来区分的。秦始皇焚书坑儒，许多典籍失传。人们把口耳相传的经文记录下

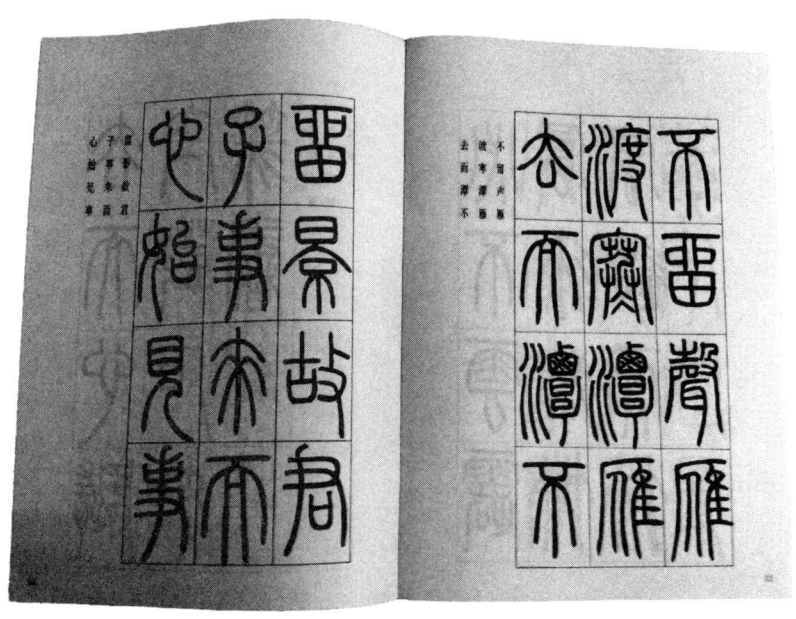

篆书

篆书是大篆、小篆的统称。大篆指甲骨文、金文、籀文、春秋战国时的文字，小篆也称"秦篆"，是秦国的通用文字。古文经学所用的文字就是春秋战国时的文字

来。因为使用汉代当时的文字，所以称为今文经学。后来在汉武帝的时候，鲁恭王为了营建自己的住所，破坏了孔子的旧宅，在旧宅墙壁中发现了许多经书。这些经书是用春秋战国时的文字书写的，称为古文经学。而两者的差别远远不止这些。

西汉末，一位野心家走上了政治舞台，他就是王莽。王莽一心想要效仿古代制度进行改制，对周公、孔子十分尊崇。王莽自比周公，号"安汉公"，追封周公和孔子的后代，追谥孔子曰"褒成宣尼公"。可能正是王莽的这些做法，让刘歆感到他的理想可能因此而实现，心生崇拜，寄予厚望，开始死心塌地帮助王莽。失意的刘歆也成为王莽拉拢的对象。

借助王莽的权力，《左传》《毛诗》《逸礼》《古文尚书》立于学官，全国也兴起了大规模的古文经学宣传运动。古文经学终于获得了官方的支持。

刘歆最终死于诛杀王莽。刘歆利用王莽改制以安定社会的愿望并未实现，而且王莽也不再信任他。走投无路，刘歆等人精心策划了兵变，最终却毁于一旦，自己也丧失性命。

对于刘歆，后世对他的评价往往是出于自身的学术立场。今文学家康有为认为东汉以来经学，多出刘歆伪造，是新莽一朝之学，非孔子之经。而古文学家章太炎等人则把刘氏父子看做孔子的后继者。无论如何，刘歆保存了一批先秦经书，使之免于佚失，也打破了今文经学对儒学的垄断，开启了古文经学的发展道路。

五 旧瓶装新酒

新思想在传播过程中,往往会受到人们自身思想背景的干扰。近代的中国,有人将西方思想的新酒用中国传统思想的旧瓶包装起来,输入中国。那么,在《公羊传》这个旧瓶中装入了什么新酒呢?

1. 进化论的传入

当代中国人最熟知的一个观念,就要数进化论了。在学校里我们都学习过生物进化论,在日常生活中我们又不自觉地设想"一切都会往前发展,未来肯定会更好的"。这样的信念,我们从小就开始建立,但在人类历史中,进化论观念却仅仅是在最近的200年间才出现的。

1859年,达尔文在英国正式出版了《物种起源》。达尔文跟随"贝格尔"号舰,在经历了近5年的环球考察后,获得了大量重要资料和证据,慢慢形成了生物进化观念。

达尔文指出生物经历了长期的进化过程,生物界中存在着剧烈的生存斗争和自然选择。有利于生存的变异就会积累保存下来,而那些不利的变异就会被淘汰。这种自然选择促使了生物进化。这便是我们所熟知的"物竞天择,适者生存"。

然而在当时的欧洲,达尔文的理论带来的震撼不异于一场大地震。西方人向来崇信万物是上帝亲自设计创造出来的,人天生就具有不同于一般动物的优越性。而这样一种带有革命性的进化理论需要人们抛弃世世代代传下来的信仰。可以说这一理论是在挑战整个社会。

达尔文

查理·罗伯特·达尔文（C.R.Darwin，1809～1882），英国生物学家，生物进化论的奠基人。他参加了英国海军的环球航行，做了5年的科学考察，形成了生物进化的概念。1859年出版了震动当时学术界的《物种起源》

反对尤为激烈的是宗教界人士和那些推崇人类优越性的人士。他们不能容忍把人和万能上帝的密切关系一刀两断，使人成为仅仅出于偶然的自然造物；他们也不能容忍把人降低到与低等动物同类的位置上，认定人与猿类来自同一祖先。即使在当今，进化论已经成为生物学的基础，仍然存在大量的反对者。在达尔文诞辰200年的2009年，美国有一些州众议院还要讨论法案，要求在中学讲授反进化论的理论。

斯宾塞
赫伯特·斯宾塞（Herbert Spencer，1820～1903），英国哲学家。他提出把"适者生存"的进化理论应用在社会学上尤其是教育及阶级斗争，被称为"社会达尔文主义之父"

然而对中国而言，产生巨大影响的并非是生物进化论，而是由此衍生而来的社会达尔文主义，或者叫做社会进化论。

社会达尔文主义，就是将达尔文的学说应用于人类社会中。人类社会和自然界遵循同样的规律：生存斗争、适者生存。人类在自我斗争中，必然存在优劣差别，强者才能生存下来，弱者只有灭亡。而人类的生存斗争主要是在不同社会、国家和民族间进行的。其所导致的一个严重后果是，为了保种保国，各国加强军备竞赛，帝国主义、军

马君武塑像

马君武(1881～1940),中国近代学者、教育家和政治活动家。与蔡元培同享盛名,有"北蔡南马"之誉,广西大学首任校长。《物种起源》1919年由马君武首次翻译出版

国主义扩张,最终发生战争。

达尔文所致力于研究的是自然科学,而对于这样一种超范围的运用,他本人并不认同。但对于处于危亡变局之中的晚清中国,保国强国是当时的主调,这一理论是最容易引发国人共鸣的。所以在中国产生了一个有趣的现象:一方面是进化论在中国产生巨大影响,成为几代知识分子的价值信仰,另一方面是达尔文的《物种起源》直到1919年才由马君武首次翻译出版,且无人问津。

《三国演义》开篇写道:"天下大势,分久必合,合久必分。"这句话道出了古代中国人对历史的普遍看法。统一时间长了,就会出现分裂;分裂时间长了,就会趋向统一。中国的历史就是在分分合合中延续着的。用这种观点看待历史,我们会缺乏变革的动力。

严复

严复(1854～1921),福建侯官人,曾担任过京师大学堂译局总办、上海复旦公学校长、安庆高等师范学堂校长。他是清末很有影响的启蒙思想家、翻译家和教育家,是近代史上向西方国家寻找真理的"先进的中国人"之一

严复故居

严复故居位于福建福州郎官巷西段,是严复长期生活的居所

在李鸿章所说的"千年未有之大变局"到来的时候，中国人还是沉醉在"天朝上国，万国来朝"的观念中。长期的统一，使得中国人安于现状，远离了世界的发展趋势。这时，一股来自西方的清新之风吹入了中国的思想界。进化论的观点将改变中国人对世界的看法。

进化论最早是由西方传教士传入中国的，但真正使其产生影响的应该是严复，中国进化思想开山第一人。

1898年，严复翻译了赫胥黎的《天演论》。《天演论》的出版，使人深受震撼，以至当时中国思想界的风潮为之一变。一本不过几万

赫胥黎
托马斯·赫胥黎（Thomas Huxley，1825～1895），英国著名博物学家，达尔文进化论者中最杰出的代表

字的译作，居然能引起如此巨大的社会反响和思潮剧变，人们不能不佩服严复先生眼光独到。严复在林林总总、令人眼花缭乱的西方思潮中精选出进化论，切中了当时中国落后的"要害"。

严复在翻译介绍时，有很大的选择性。赫胥黎原本是反对社会达尔文主义的，他的原著《进化论与伦理学》主旨就是为了维护进化论的"纯正"而反对斯宾塞的理论。严复完全清楚这一切，但在翻译中却取名《天演论》，夹杂了斯宾塞的"社会达尔文主义"，用斯宾塞的理论来对其进行改造。

如此改造，引入"社会达尔文主义"，在急需变革的中国是非常重要的。几乎所有关心国家未来的知识青年，人手一册。很多人就像来自安徽绩溪的青年胡适一样，把自己的名改成"适"，字"适之"。胡适曾回忆说："《天演论》出版之后，不上几年，便风行到全国，竟做了中学生的读物了。""在中国累次战败之后，在庚子辛丑大耻辱之后，这个'优胜劣败、适者生存'的公式确是一种当头棒喝。"

小知识◎进口的汉语术语

每一天，当我们在使用服务、组织、政治、革命、政府、政策、理论、哲学、原则等词语时，是否会想到这些词是来自日本的翻译，而且是日本根据中国典籍创制出来的？

近代，西方思想传入中国。如何翻译西方的众多术语是介绍西方思想的重要问题。

当时，中国和日本在翻译时，都采用了同一种方法：从中国文化典籍中寻找意义类似的字词。然而最终沿用下来的，绝大多数却是日本翻译的。据统计，我们今天使用的社会和人文科学方面的术语，有70%是从日本输入的，这些都是日本人对西方相应语词的翻译，传入中国后，便在汉语中牢牢扎根。而严复所翻译的词语反而大部分被抛弃了。日本所翻译的西方术语在现代中国大行其道。形象一点地说，就是这些词是进口的。

这是为什么？

原因在于翻译取向上的不同。严复着力追求译文之美，可是模仿先秦用语，太过古雅，不是一般人能够很快掌握的。而日本的翻译，不在意雅或俗，也就使译语更明快更直白。如西方英语中的society，严复翻译为"群"，而日本翻译为"社

严复众多译著
严复翻译了《天演论》《原富》《群学肄言》《群己权界论》《社会通诠》《穆勒名学》《名学浅说》《法意》《美术通诠》等西洋学术名著，创造了许多新的术语

会"；capital 日译"资本"，严译"母财"；evolution 日译"进化"，严译"天演"；philosophy 日译"哲学"，严译"理学"；metaphysics 日译"形而上学"，严译"玄学"。

在翻译过程中，日本并没有苛求完全符合词语的原本古义。例如，"民主"这个词，古代原义指"为民做主""庶民之主宰"，而当日本用以译英语的 democracy 时，却表达了正好与汉语原义截然对立的意思。

2. 进化的三世

接受了现代学校教育的人也许会有这样一种历史观：历史可以划分为不同阶段，并且历史是朝着某一个确定的目标进化的。暂且不论历史是否真的就是按照这种历史进步阶段论来演变的，但我们可以发现古人并不是这样来看待历史的。

古代人相信黄金时代是在过去，所以极力要恢复过去的荣耀，表现出极其谦虚的心态。而进化的历史态度，则表明了现代人的傲慢和偏见。现代人对于过去的贬低，正好可以凸显自身的价值，满足现代人的自尊心。

但是这种历史进化论却是带有革命性的。过去是落后的，这就产生变革的要求，创建更加先进完美的未来。

古代中国也一样，绝大多数的人都向往过去的黄金时代——上古三代。人们观念中的上古三代并不是真实存在的上古三代，而是被设想为王道盛行的社会，成为历代统治者追求的典范。

但是万事都有例外，《公羊传》所衍生出的三世说正是例外。

三世说所构造的社会演化理论一反常态，从向后看转向向前看，

古人出猎（画像砖）
原始社会中，人们群居生活，互帮互助，共同捕猎、生产，维系生存

是将理想的王道社会放置在未来。经过理论视角的转身，三世说成为最接近近现代进化论的学说。

将进化论系统介绍到中国，严复可谓功不可没。而以进化论为理论精髓来解释公羊三世说，则是康有为的匠心独运。

康有为是最早接受进化论学说的中国人之一。早在光绪五年（1879年），康有为出游香港，目睹了资本主义文明，见识到西方文明制度的先进。当时，人们普遍依据《周易》中所讲的"穷则变，变则通，通则久"，来作为说明社会变革的依据。康有为对于中国传统思想中的变易思想是非常熟悉的，在了解西方科学的基础上逐渐开始建立自己的进化论思想。

纵横宙合一微尘，偶到人间阅廿春。

世界开新逢进化，贤师受道愧传薪。

这首《苏村卧病写怀》，道尽了康有为青年时期的心怀。自己原本只是宇宙中微不足道的一员，来到人世间已经20多年了。当时世界正是不断进化革新的时期，自己却没有很好传承老师的教导去改变国家的面貌。

到了光绪二十二年（1896年），康有为读过《天演论》，对于进化论更是确信不疑。

康有为本是公羊学者，抱定一个信念"传经只有一公羊"，认定只有《公羊传》可以为变革提供理论支持。公羊三世说与进化论的类似，为康有为将两者结合创造了条件和契机。

经过康有为的改造和发展，进化论思想披上了公羊三世说的外衣，出现在中国思想舞台上。

康有为赠吴昌硕行书
康有为同时是近代著名书法家，创造了独具风格的"康体"

康有为故居

康有为故居,位于广东省佛山市南海区丹灶镇。康有为诞生于此,并在此饱读中西书籍,初步形成了维新思想体系,撰写了《大同书》初稿

"道洽大同"匾额

民国5年(1916),北京孔庙改悬由当时大总统黎元洪书的"道洽大同"匾。意指儒家之道与大同思想是契合的,大同是孔子的最终理想,也可见当时大同思想深入人心

以古代为"衰乱",近代为"升平",现代为"太平",社会历史是渐进有序向前发展的。康有为推断,"据乱世"之后,进入"升平世",之后进入"太平世",越改越进步,可以预见到历史潮流是不断新陈代谢的。在公羊三世说这个旧的瓶子中,装入了新酿造的别有风味的美酒。

康有为曾说过:"孔子道主进化,不主泥古,道主维新,不主守旧,时时进化,故时时维新。"在维新派的眼中,孔子成为主张进化、主张维新的开创者和倡导者。以孔子来倡导进化变革,自然是更有说服力。

康有为的三世说,内容更加博大,囊括了世界。在"据乱世","以君为一国之主",应当实行君主制;而到了"升平世",则"政在大夫,盖君主立宪",应当实行君主立宪制;至于到了"太平世",君主立宪制将被废除,"贬天子"行共和就可以了。康有为把"据乱世"比附为专制社会,"升平世"比附为君主立宪的资本主义社会,"太平世"比附为民主共和的资本主义社会。换句话说,君主立宪制取代君主专制、共和制取代君主立宪制乃是历史进化的大趋势。如此,三世说成为整个世界都遵循的发展前进规律。康有为认为,当时中国正处在由"据乱世"到"升平世"的转变中,顺应这一历史趋势,就要实行君主立宪代替君主专制。

戊戌变法的失败,对康有为来说是一个沉重的打击。他流亡海外16年,开始反思自己的三世说。康有为发现,社会进化是渐进和有序的,任何跳跃性的突变都是危险的。

此时的康有为,将"太平世"看做没有阶级、没有家庭、人人平等、天下为公的大同世界,同时又把三世说复杂化,演变为三世三重说。有三世,每一世又分为三世,如"据乱世"分为据乱、升平、太平;

在小三世中还可以分成三世,不断循环下去。如此一来,三世三重是九世,不断三重,直到无穷。康有为考察西方社会后,醒悟到过去把欧美看得过高了,以为可以到达大同了,现在才发现连升平都还没有到达。世界各国还只处在"据乱世",要到"太平世"还需要无数代人的努力。

把三世说弄得这样复杂繁琐,正是为了解释当时中国乃至世界的状况。康有为主张循序渐进的进化发展,也就是采用改良手段来改变现状。无怪乎,后来当革命派倡导推翻帝制进行革命时,康有为会站出来反对。

用《公羊学》三世说来附会进化论是那个时代的思潮特色。唐才常也是这种思潮的代表。

虽然唐才常并不完全同意康有为的《新学伪经考》,但也同样认同公羊改制之说。1893年,唐才常参加湖南乡试时,考卷中就用公羊

唐才常
唐才常(1867~1900),字伯平,清末维新派领袖,著名的政治活动家,湖南浏阳人。戊戌政变后,组织自立会,建立自立军,并于1900年领导自立军起义,后被捕杀

家说来论述。他时常强调《公羊传》的价值在于"内外夷夏之说,随时变通,期于拨乱世反之正"。

之后,唐才常也吸收进化论来阐述。他说:"《春秋》言据乱、升平、太平,西人言石刀、铜刀、铁刀。"这是将据乱、升平、太平和西方所讲的历史上石器时代、铜器时代、铁器时代比附。他更相信现在种种不合理的社会现实终将进步到平等、民主的时代,"若夫地球全局,则非发明重民、恶战、平等、平权之大义,断断不能挽此浩劫!"

《公羊传》学说在面对西方思想的传入过程中,反而达到了又一个顶峰。

3. 大同的世界

1902年,戊戌变法失败后周游世界的康有为来到了印度。在这里,康有为完成影响远及海外的著作——《大同书》。

在人类世界思想文化发展的长河中,几乎每个民族都有过对理想化社会的想象。在西方,从最早的理想国、乌托邦,到近代的空想社会主义,人们规划了种种理想化的社会蓝图,其目的在于改造不完美的现实社会。

近代中国的落后,再次激起了中国人对理想社会的追求。中国社会中的思想运动都围着一个问题展开:中国将往何处去?古代的中国人不必为这个问题烦恼,因为中国的文化是如此明显地超越周边文明,他们相信自己才是别人效仿的对象。他们所要做的就是防乱图治。而晚清时期,中国人对于天下的认识已经在改变。王韬、黄遵宪、谭嗣同等都积极倡导"大同",而康有为是集大成者。"天下兴亡,匹夫有责"的传统,造就中国的士大夫总是心怀天下,志存高远。这种思考不单单局限于中国本身的问题,更是同世界前途命运联系起来。

康有为在解释公羊三世说时,结合了《礼记》中"小康""大同"说,将大同等同于"太平世",将小康等同于"升平世"。"乐者吾乐之,苦者吾救亡,吾为诸天之物,吾宁舍世界天界绝类逃伦而独乐哉?"康有为一生为救国救民而努力,未曾放弃过,写作《大同书》的目的也在于此。

其实早在1884年,康有为就开始对大同思想有很大的兴趣,1885年就"手定大同之制,名曰《人类公理》"。到了1898年秋,康有为在日本时,已经积累了20余篇稿件。一直以来这些书稿只是在康有为的门徒中流传,外人很少见到。直到1913年它的甲部和乙部才第一次发表在《不忍》杂志上。1927年,康有为死后的第八年,全书才由他的弟子钱定安交给中华书局出版。康有为对待这部作品可谓慎之又慎。

黄遵宪
黄遵宪(1848～1905),晚清诗人,有"诗界革新导师"之称。著有《人境庐诗草》《日本国志》《日本杂事诗》等

那么,康有为到底为我们设计了一个什么样的大同世界呢?

把古今中外人类社会确定为苦难的社会,是康有为立论的起点,而去苦求乐则是终极目标。这是康有为的亲身体验,在中国有寡妇思夫的夜哭,有孤子穷饿的长啼,有老来无衣、病来无被的孤苦,在欧美国家也有伦敦的乞妇、罗马的丐童、纽约的贫民窟、西班牙的穴居。种种苦难,都是由于存在着重重区分的界限,包括国界、级界(阶级的界限)、种界(人种的界限)、形界(男女的差别)、家界(家庭出身的差别)、业界(占有财产数量的差别)、乱界(不公平的规则)、类界(人与动物的不同)、苦界(苦会生苦,无法穷尽)。只有去除这九界,才能摆脱苦难。

在大同世界里,国家、阶级、种族、性别、家庭、私产等的界限破除了,取而代之的是一个统管全球的"世界政府"。人民属于地域划分的自治单位,不再属

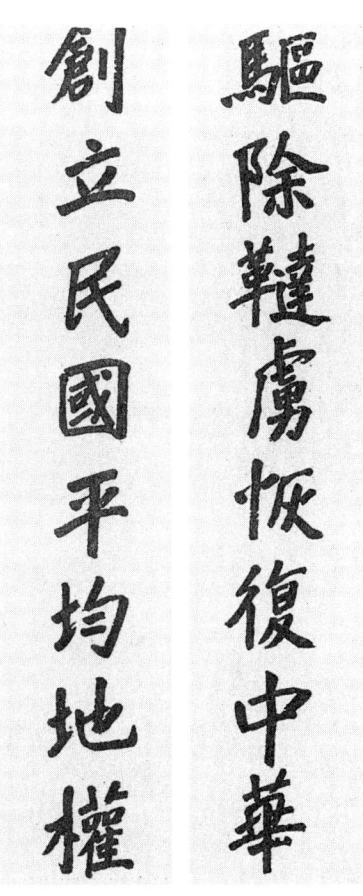

孙中山手书中国同盟会纲领

1905年,孙中山和黄兴在日本东京成立中国同盟会,以"驱除鞑虏,恢复中华,创立民国,平均地权"16字为政治纲领

于家庭，也不拥有私有财产，婚姻等制度也将不存在。

反对独尊。在大同世界，无阶级、无国家、无政党、无军队、无战争，人人平等，一切民主。人人可以读书，人人参加选举。

大同世界里，有较高物质文明和精神文明，却是不同于欧美的。这里废除了私有制，建立财产公有制，生产全部实行机械化、自动化和电气化，经济高度发展。

大同世界里，妇女得到解放。女性有接受教育、参与政治的权利。男女平等，婚姻自主，打破了家族宗法关系和纲常名教的束缚。

在当时中国的社会背景下，《大同书》中带有明显的乌托邦色彩。毛泽东曾批评道："康有为写了《大同书》，他没有也不可能找到一

《新民丛报》

《新民丛报》是 20 世纪初的重要刊物。1902 年 2 月梁启超创办于日本横滨，1907 年 11 月停办。初期着重介绍西方资产阶级政治学说，宣扬变法维新，力倡民族主义，后期宣扬君主立宪、保皇思想

条到达大同的路。"然而,没有理想的人类无法自信地生活在世界上。国家的延续,社会的发展,文明的进步,都建立在人类坚贞不屈地追求自己的理想的基础上。历史上翻天覆地的变革,都是在新思想的引发下,由坚韧不拔的理想主义者不断奋斗而产生的。

的确,毛泽东对康有为有所批评,但他也曾以实现"大同"作为他的奋斗目标。毛泽东曾经在延安告诉美国记者斯诺(Snow),他年轻时很崇拜康有为与梁启超。他最早接触到社会主义等概念,也是源于康、梁主编的《新民丛报》。毛泽东曾说,他每月长途跋涉去图书馆借阅这本刊物。

每个人都有自己的梦,而康有为用他的智慧设计了一个改造世界的天才计划,是当时世界上无人可比的。今天,再回顾《大同书》,我们会发现其中许多离奇的设想正逐步在人间展现。

小知识◎《大同书》

> 《大同书》系康有为主要著作之一。该书融会儒家的大同说与基督教的"平等"观,吸纳达尔文的进化论与傅立叶等人的空想社会主义,提出建设一个无私产、无阶级、人人相亲、人人平等的大同世界,对于未来社会的展望和构想,颇具想象力。

4. 新旧的碰撞

在近代的变革运动中，以《公羊传》学为代表的今文经学可谓大放异彩，起到了引领时代潮流的作用。而作为老对手的古文经学，自然是对此大加批评。

今文经学、古文经学之争由来已久。在《春秋》经学中，《公羊传》《穀梁传》，都是口耳相授，直到汉代才写下来。所用的是汉代的文字，因而称为今文经学。而《左传》，据说进献给朝廷时的文本所用的是汉以前战国时期的古文字，所以称为古文经学。两派除了经典文字不同，更重要的是治学方法、理念不同。

古文经学崇奉周公，视孔子为"述而不作，信而好古"的先师、文献整理学家；偏重训诂，与现实政治问题联系较弱。而今文经学认为六经皆孔子所作，视孔子为托古改制的"素王"；注重阐发经文的"微言大义"，主张通经致用。

开新还是守旧，变法还是反对变法，成为近代今古文经学之争的关键问题。

作为一个今文经学家，康有为恢复了西汉公羊学"通经致用"的

东汉画像砖《讲经图》
山东诸城前凉台出土,画面为学习经学的人捧着竹简在听讲经人讲解经书。经学是古代最为重要的学术

精神,"借经术以文饰其政论",鼓动天下之士干预世运。梁启超指出康有为发起的"今文学运动"的特点,说是"有为所谓改制者,则一种政治革命、社会改造的意味也",那完全不是什么偏私之论。

"通经致用"的精神,的确具有巨大的政治功能与文化意义。康有为的新经学,为戊戌前后国人的政治文化能动性提供了思想资源与行动楷模。就连立场与他距离很远的不少士人对他都有一定程度的包容甚至钦佩。这也是他之所以成为晚清公羊学与今文经学第一人的理由。在这种公羊学致用精神的激荡之下,康有为确立了其专门倡导今文而全面排挤古文的鲜明立场。

但是,康有为大量地"造经""造史",不但是对古文经学的严重打击,更对国史造成巨大干扰。为了实现自己改变中国落后面貌的目的,随意篡改古代的经史典籍,这对中国历史文化所造成的伤害也是一言难尽的。

在古文经学一派,众多的学者站出来批驳康有为。他们的态度往往是保守的,希望维持现有的社会秩序。

张之洞说,他一贯主张古文学,反对今文学。他自己说,"平生学术最恶公羊之学,每与学人言,必力诋之,四十年前已然,谓为乱臣贼子之资。至光绪中年,果有奸人演公羊之说以煽乱,至今为梗"。他曾想收买康有为放弃《孔子改制考》,"频劝勿言此学,必供养",被康有为拒绝。

苏舆在维新运动期间攻击维新派,反对今文经学。他搜集古文派批判今文学的论著,编成《翼教丛编》,于百日维新失败后出版。他写的"丛编"序言上说,梁启超主讲时务学堂,以康有为的《新学伪经考》《孔子改制考》为主,加上平等民权、孔子纪年等说,"伪六籍,灭圣经也;托改制,乱成宪也;倡平等,坠纲常也;伸民权,无君上也;孔子纪年,欲人不知有本朝也"。苏舆将康有为的今文经学看做破坏纲常伦理、社会秩序的罪魁祸首。

在古文学者眼中,公羊学是

张之洞

张之洞(1837~1909),直隶南皮(今属河北)人,洋务派代表人物之一,其"中学为体,西学为用"是对洋务派基本纲领的一个总结和概括

空疏无义之学，就好比毫无基础的空中楼阁。更何况汉代的公羊学尊崇华夏贬斥夷狄，而近代却是尊崇夷狄了。如果再用公羊学来比附时事，只会悖逆无道。湖南的叶德辉、王先谦等人曾攻击时务学堂培养"无父无君之乱党"。在种种压力之下，梁启超被迫离开湖南，时务学堂停办。

六　永不止息的革命

中国近代的历史是在不断的改革和革命中度过的。人们谈论变革，发端于依托《公羊传》理论，进而不断采纳融合西方思想。在变革者的宣传和实践中，最终改革和革命成为中国思想的主流。

1. 清朝的困境：是不是正统王朝

> 三点暗含革命宗，入我洪门莫通风；
> 养成锐势复仇日，誓灭清朝一扫空。

这是清代最著名的民间秘密社团天地会（也称为洪门）所传诵的诗句。一首《三点革命歌》，就表明了天地会的宗旨——反清复明。

天地会，是伴随清王朝始终的"反清复明"活动的一个缩影。对于清朝统治，为什么民间反对的声音会如此持久而且激烈呢？

清王朝的统治者，在传统的中原人士看来，是外来的少数民族。"非我族类，其心必异。"少数民族与汉族有许多不同的文化习俗，中原人士往往将其看做野蛮民族，对其怀有鄙视、敌视情绪。

这一观念的理论渊源便是华夷之辨。华夷之辨是《公羊传》关注的重点，后来也成为中国传统政治理论中的重要内容。每当北方游牧民族入侵，中原人士感受到危机感时，华夷之辨就成为焦点。

中国人有着强烈的正统情怀，认定天下唯有一个正统的统治者。在很早的时候，中国人根据自己的经验和想象构建了一个天下的模型：

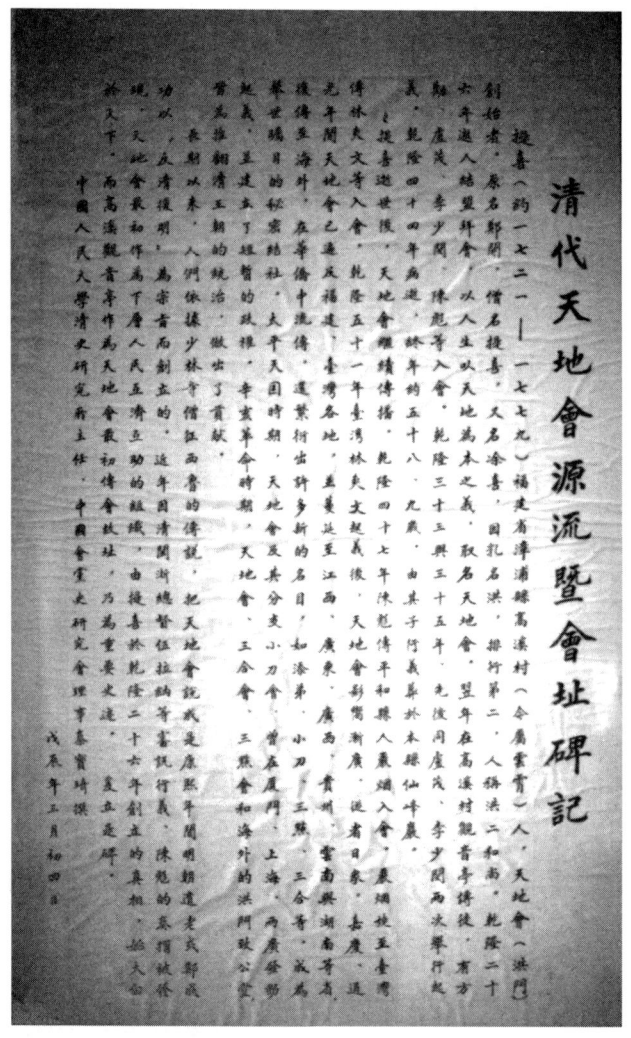

清代天地会源流暨会址碑记

天地会,又名洪门,清代民间秘密结社之一,以拜天为父拜地为母得名。天地会曾多次举行武装反抗斗争,反对清朝统治

自己所在的地方是世界的中心，也是文明的中心；大地像一个棋盘一样，四边由中心向外不断延伸；中心是天子所在的京城，中心之外是华夏，华夏之外是夷狄。

《公羊传》提出用不同的方式来处理和对待华夏和夷狄问题。华夏是文明的，正统的，而夷狄是野蛮的，甚至在不少中原人士的眼中，夷狄是等同于禽兽的，所以在称呼夷狄时会用贬称，在名称中加上和动物相关的反犬旁或虫旁，如狄、蛮、蠕蠕（南北朝时对柔然的贬称）等。

有了这样的差异，《公羊传》提出要"内诸夏而外夷狄"，以华夏为内，而以夷狄为外。其有三层含义：一是"自近者始"，教化应该从内开始，最后才顾及在外的夷狄。二是"攘夷狄以救中国"，对待作为外的夷狄，作为内的诸夏应该要有所防备，警惕外族的入侵，破坏华夏文明；同时也要尽量用华夏文明去教化夷狄，使他们走向文明。三是"夷狄有德进而为中国，中国无德退而为夷狄"。当夷狄接受华夏文明道德时就应该以华夏来对待，而当华夏丧失文明道德时也要以夷狄来对待。

当清朝进入中原进而统一中国的时候，他们不得不面对华夷之辨的问题。

历史上改朝换代多了，重新效忠于新的帝王也并非什么不耻之事。但这一次中原士大夫认识到，这不仅仅是一次普通的改朝换代，更是关乎华夏种族的存亡。所以在清朝刚入关时，他们所面对的是更为激烈的反抗。

清朝统一中国之后，最重要的任务就是要建立其统治的合法性、正统性，让中原人士逐渐接受这一观念：他们是华夏的新统治者，他们建立的清朝是中华历史上的正统王朝。清朝花了不少精力，大力学习华夏文化，采用以夏制夏的手段。

清朝的历代帝王都重视学习华夏文化。在小说《少年天子》中有一段描写，说当时的高官金之俊曾评价顺治："皇上气宇轩朗，风流潇洒，不仅有君人之度，兼具士大夫之风，天下将忘其为夷狄之君矣！"这虽然是小说家之语，可是历史上顺治皇帝的确是精通诗文，有中原士大夫之风。从入主中原的第一代皇帝开始，除了衣冠上的差异之外，人们很难把他们和中原皇帝区分开了。

在入关将近100年时，雍正皇帝刊行《大义觉迷录》一书，希望从理论上解决清朝的夷狄身份问题。他引用历史上"舜为东夷之人，文王为西夷之人"为例，说明夷狄身份不会改变舜、文王圣贤之君的地位，更何况清朝接受华夏文化后，应该以华夏来看待了。之后越来越多的学者开始为清朝的统治寻找理论的依据。

清朝统治被越来越多的人认可，成为中国历史上继明朝之后的下一个正统王朝。清朝也开始以华夏正统的身份来看待周边的夷狄国家，以天朝上国自居。西方国家来华，被认为是蛮夷。清朝蔑视西方国家，对他们的称呼也有特定的区分。如英吉利、意大利等，在书写中每个字左边都加上口。

然而，清朝的正统性在近代革命到来时再次受到挑战。

晚清的中国已经处在被外国列强瓜分的边缘，国家的这种危险境地很容易被人归罪于清廷和所有满人。清朝入关以来对汉人所实施的大量罪行，是不可能完全被遗忘的。当时，关于"扬州十日""嘉定三屠"的史籍再次出版，勾起了汉人对清朝的仇视。人们的辫发、服饰，不断提醒汉人，清朝带给中原的是野蛮习俗，使中国趋于野蛮化。中国的落后正是清朝造成的。而且清朝统治虽说强调满汉一体，但实际上满人属于特权族群，且对汉人一直怀有敌意。这些看法在革命宣传者眼中成为反满的理由。

1905年，孙中山和黄兴在日本东京成立了中国同盟会，以"驱除鞑虏，恢复中华，创立民国，平均地权"16字为政治纲领。革命不单是反击外国帝国主义的入侵，反满也成为重要的一部分。

2. 革命的想象

同治六年六月二十日（1867年7月21日），金陵两江总督衙门内。时任两江总督的曾国藩与机要秘书赵烈文聊天。

曾国藩忧心忡忡地对赵文烈说："听北京来的人讲，现在京城风气很差，明火执仗的案件时有发生，街上乞丐成群结队，甚至妇女都没有衣服裤子穿。这真是民穷财尽，恐有异变。你怎么看？"

赵烈文想了想，回答说："现在天下统一、长治久安的局面已经很久了，势必会渐渐分裂。不过由于皇上一直很有权威，社会风气还未开放，而且中央政府没有先烂掉，所以现在不会出现分崩离析的局面。但今后的大祸是中央政

曾国藩

曾国藩（1811～1872），湖南湘乡人，晚清"中兴四大名臣"之一，湘军创立者和统帅。曾国藩在修身齐家、完善道德修养的同时，也创立了治国、平天下的功业

府会先垮台,然后出现各自为政、割据分裂的局面。大概不出五十年就会发生这种灾祸。"

想必曾国藩听了此话,一定是感慨万千。

当时离清王朝土崩瓦解的1911年尚有44年。我们不得不惊诧于赵烈文的眼光锐利。历史以惊人的准确应验了赵烈文的预言。清王朝瓦解后,接踵而来的也正是长期军阀割据的混乱局面。当然,曾国藩、赵烈文分别于1872年和1894年去世,并未看到预言成真。

晚清的中国已经破败到何等程度,在不少人眼中,已经是无可救药了,唯有推倒重来。

无可救药,但还是要尽力去救。清政府采取一系列的措施,希望使国家能有所改变。然而很长一段时间内,在清政府,包括众多的知识分子看来,进行变革只是方法的改变,而不涉及根本价值。当时颁布的上谕说:"世有万古不易之常经,无一成不变之治法……不易者三纲五常,昭然如日月之照世,而可变者令甲令乙,如琴瑟之改弦。"在变革中,中国社会的传统纲常价值观念是不得动摇的。这代表了社会众多士大夫的普遍观点。

变革观念逐步深入人心,而这种对革命的憧憬,发端于《公羊传》的重新兴起。

在1903年,张之洞回顾说,20年来,京中经学讲《公羊传》,文章讲龚定庵,经济讲王安石,学术风气从此大坏,最后闹到知识分子群起造反的地步。理乱寻源,龚自珍的学术文章是罪魁祸首。张之洞所讲的20年前,正是康有为开始酝酿维新变法的时候。张之洞身为古文学家,虽然对《公羊传》有批评,但也看到了《公羊传》在近代思想转变中的作用。

技术层面的改革,最终还是无法挽救清朝的统治。对于几千年来逐步形成的各种价值观念、行为方式、风俗习惯,有加以深刻反思、去除弱点的必要。温和的改革渐渐被激进的革命所代替。

变革的思想肇始于公羊学者,但在晚清时期走向革命的却并非只有公羊学者。章太炎就是一例。他是古文经学家,反对《公羊传》,却不反对革命,而是更加激进地倡导。

"肩头伊尹谁能任,脚底鸥夷未了心",这是章太炎先生在辛亥革命前夕写的一副自勉联,表明他治国平天下的崇高抱负及虽死而报国之心不泯的决心。

章太炎以古文对今文、以革命对改良,针锋相对。他先后撰写了《征信论》《与人论朴学报书》和《驳皮锡瑞三书》等多篇文章,一方面批驳今文经学的学术观点,另一方面揭露康有为等人附会公羊学,曲解经书,"倡言孔教""托古改制"。章太炎为表示与改良主义彻底决裂,在1900年割辫,脱下国服,换上西装,并作《解辫发》一文以明志。

后来,章太炎在秘密回余杭期间,曾到西湖诂经精舍看望他的老师俞樾。谁知俞樾见他短发西服,很不高兴,疾言厉色地骂他不争气,说他从事革命是"不忠不孝,非人类也"。章太炎对老师一向很尊敬,这次却难以忍受,当即反唇相讥。师生间展开

章太炎
章太炎(1869~1936),名炳麟,号太炎,浙江余杭人,清末民初革命家、思想家,近代朴学大师

了针锋相对的辩论。不久章太炎写了《谢本师》一文，声明与俞樾断绝师生之谊，表示坚决走革命的道路。

章太炎一系列的反清革命行动，得到了众多民主革命人士的赞赏，《中国旬报》发表评论赞扬道："章君炳麟，余杭人也。蕴结孤愤，发为罪言。霹雳半天，壮者失色。长枪大战，一往无前；有清以来士气之壮，文学之痛，当推此次为第一。"

到了1903年，革命意识在中国已经趋向成熟，"革命"更成为国人的口头禅。那一年，邹容《革命军》、章太炎《驳康有为论革命书》传诵一时。同时，国内外鼓吹革命的出版物，举不胜举。

"革命者，天演之公例也；革命者，世界之公理也；革命者，争存争亡过渡时代之要义也；革命者，顺乎天而应乎人也；革命者，去腐败而存良善者也；革命者，由野蛮而进文明者也；革命者，除奴隶而为主人者也。"

这是邹容为鼓吹革命而发出的呐喊。

中国虽古来即有"革命"传统，但古代的革命是在森严的专制统治下推翻一个旧王朝，是贵族的革命。作为普通人，他们不能自己保护自己的利益，而寄希望于"好皇帝""大救星"等实权人物，把自己的命运托付给别人主宰。下级绝对服从上级，行政权力支配一切，已成为社会公认和人们所习惯了的不容置疑的信条，"尊奉权力""崇拜权威"成为中华民族社会心理的基本特征之一。近代的革命需要改变这一状况。

"革命"之义被重新阐释，在中国广袤的大地上传播，终于在这个古老的国度激发了一场具有新的时代意义的革命运动。这种革命，其内容与目标已非昔时可比，正如孙中山曾讲道："故前代为英雄革命，今日为国民革命。所谓国民革命者，一国之人皆有自由、平等、博爱之精神，即皆负革命之责任。"

近代的中国，是在改革和革命中度过的，而最终是革命挽救了危亡的中国。革命在中国成为正义的化身，成为近百年来的热门词语。

邹容

邹容（1885～1905），近代革命家。1903年，章太炎因"苏报案"被捕，邹容慷慨入狱。1905年4月3日死于上海狱中。后孙中山追赠邹容为"陆军大将军"荣衔，崇祀宗烈祠

《革命军》

邹容遗著，1903年5月上海大同书局印行。全书阐述革命的正义性和必要性，宣传革命排满和民主共和

图书在版编目（CIP）数据

经世致用：《公羊传》的革命性 / 陈慧麒著. —— 郑州：中州古籍出版社，2014.10
（华夏文库）
ISBN 978-7-5348-4628-1

Ⅰ. ①经… Ⅱ. ①陈… Ⅲ. ①《公羊传》- 研究 Ⅳ. ①K225.04

中国版本图书馆CIP数据核字（2014）第008151号

华夏文库·儒学书系
经世致用：《公羊传》的革命性

总 策 划　耿相新　郭孟良
责任编辑　闵世勇
责任校对　李接力
封面设计　新海岸设计中心
版式设计　曾晶晶
美术编辑　曾晶晶
责任印制　刘新毅
项目统筹　单占生　萧　红（执行）

出　版　中州古籍出版社
　　　　　地址：河南省郑州市经五路66号
　　　　　邮编：450002
　　　　　电话：0371-65788693
经　销　新华书店
印　刷　河南新华印刷集团有限公司
版　次　2014年10月第1版
印　次　2014年10月第1次印刷
开　本　960毫米×640毫米　1 / 16
印　张　8.25印张
字　数　65千字
印　数　1—3000册
定　价　22.50元

本书如有印装质量问题，由承印厂负责调换

华夏文库·儒学书系
近期出版书目

儒学滥觞：孔子与早期儒学
焚书坑儒的真相：秦朝儒学
理性的高扬：理学的形成、发展与式微
江山代有圣贤出：梁漱溟、熊十力、冯友兰
魏晋风度：竹林七贤
直道而行：孟子和荀子
旷世大儒：董仲舒
古文运动：韩愈、柳宗元
理学开山祖师：周敦颐
经学大师：皮锡瑞
推天道、明人事：周易
三千年前的歌唱：诗经
仁心与仁政：孟子
上古智慧：尚书
托古改制：公羊传
传世奇文：千字文
家训之祖：颜氏家训
五百年前是一家：百家姓
内圣外王：修己安人
经世致用：《公羊传》的革命性
人性与天道：天理人欲
鹿因时鸣：白鹿洞书院
执中守正：中庸
德才兼备：德才
修己立人：儒家与教育
礼情交响：儒家与戏曲
岁时佳话：儒家与节庆
家国情怀：儒家与族谱

华夏文库·儒学书系

　　《公羊传》为《春秋》作传，阐释春秋大义，重视权变，主张经世致用，追求太平盛世。
　　公羊学曾沉寂千年，直至晚清，在西方列强入侵的"千年未有之大变局"时代，龚自珍、魏源等人把公羊学中的经世致用思想与救亡图存政治需求紧密结合，使公羊学成为一时之显学。康有为、梁启超等人更是借公羊学说掀起一场轰轰烈烈的政治变革。

上架建议：文化 经典 社科
ISBN 978-7-5348-4628-1

定价：22.50元